日常性の心理療法

大山泰宏

日本評論社

日常性の心理療法⦿目次

I　日常性、こころ、近代

本書は『こころの科学』一一三―一二五号（二〇〇四―二〇〇六年）の連載に、増刊『新臨床心理学入門』（二〇〇六年）掲載の原稿を加え、大幅な加筆修正を施したものである。

I

日常性、こころ、近代

第1章
生きる現実へのまなざし

その日の体験

私たちは、日常を生きている。それは確かなことである。変わり映えない生活、同じことの繰り返し、ときにはそこから抜け出して、非日常的な体験をしたいと思うかもしれない。しかし、私たちの日常が安定したものかというとけっしてそうではない。日常の中にいきなり、非日常が飛びこんでくることがある。当たり前だった時間の連続の中に、当たり前でないことが突然に入ってくる。

二〇一一年三月一一日、この日を境に、それまで当たり前だった日常が、いきなり非日常的へと変わってしまった人は多い。命すら奪われてしまった人々、大切な人や家族を失った人々。明日も続くはずであった日常が、突然に奪われてしまったのである。明日も退屈に続くはずであった毎日、他愛ないケンカを繰り返していた家族の毎日、当たり前であったはずの明日は、二度と来なくなってしまった。原発事故のために、住み慣れた土地を離れ、それまでとはまったく違った日常を生きねばならなくなった人も数知れない。

当たり前の日常と非日常、それらの区別は案外脆く反転しうる。この反転が生じるのは、それを直接に体験した人ばかりではない。三月一一日の出来事は、直接それを体験していない人にも、日常と非日常の境を、何らかの意味で危うくするものであった。「その日」のことを、その日に自分が何をしていて、どのようにその報道に接したのかということを、多くの人が思い出し証言する。職場でふつうに働いていると大きな揺れを感じて、テレビをつけてしばらくすると津波の映像が飛び込んできたという体験、合宿帰りの長距離バスの中で、携帯をいじっているとインターネットニュースでそれを知り、家族のことが案じられたが、それがどの程度の災害なのか、どこがどうなっているのか、大きな災害のようだけれども見当がつかず、歯がゆく苦しい時間を過ごしたという体験などなど、それぞれの人に、その時の時間が、はっきりと思い出される

その九年と半年前、やはり、その日のことをはっきりと覚えている体験がある。二〇〇一年九月一一日、その日の私は、いつものように仕事の後、遅い夕食についていた。テレビをつけると飛び込んできたのは、ニューヨークのツインタワーが炎上している映像であった。「はじめは何

かの映画かと思った」と、多くの人が後にそう語るしかなかったように、テレビの映像が現実のものとは、にわかに信じがたかった。飛行機が追突し炎上しているようだ、とアナウンサーが告げた。その瞬間、さらに二機目がもう一方のビルに激突した。それは信じられない光景であった。しかし、まぎれもない事実だった。テレビは、飛行機が激突する瞬間の映像を、何度も何度も繰り返して映し出した。そのたびに私の身体は、その場に縛りつけられ、次第に感覚をなくしていった。テレビを通して見せつけられるすさまじい「現実」と、今こうして食卓についてかりそめにもくつろぐ時間の「現実」とのギャップを、おそろしく感じた。

やがて、別の飛行機がペンタゴンへ激突、ピッツバーグ郊外へ墜落……。ますます悪化していく状況の中、私は恐怖におののいていた。テレビで流される情報と映像は、おそろしく暴力的だった。激突する瞬間の映像を何度も繰り返し見せつけられることは、確実に私を衰弱させていった。しかしながら、どうしてもテレビのスイッチを切ることはできなかった。いったい何が起こりつつあるのか、目を逸らすことはできなかった。映像の暴力に晒されたまま、身体はテレビの前に縛りつけられていた。やがてビルが崩落。信じられないことが次々に起こる。私はその夜、テレビの前のソファに身体を横たえたまま、眠れない夜を過ごした。

それから九年と半年が経った日の夜、私は同じような体験をした。次第に状況が明らかになってくるごとに、その被害の状況の大きさ、あまりにも非現実的なことに言葉を失った。それが実際に生じていることとは、信じがたかった。津波がすべてを呑み込んでいく映像が、テレビでは繰り返し流され、そのたびにこころと身体は感覚をなくし、確実に衰弱していった。ただ涙だけがあふれ続けた。それでもテレビの前を離れることはできなかった。目を背けてはいけない、ちゃんとそれを見ていなければならないという責任感のようなものが、どこかにあったように思う。今まさに目撃者でありながら、今は何も手を差し伸べることはできないはずなのに……。テレビの前のソファに身体を縛りつけられたまま、眠れない夜を過ごす。九年半前のあの日のことが、この日と重なりあい、繰り返される。

実在世界とこころの分断

この一連の出来事は、私たちがどのような世界に生きているのかということをはっきりと気づかせる。私たちのこころがどんな事柄に日々動かされ、どんなことが私たちの日常の生活世界を作り上げているのかを改めて認識させられる。

もしテレビがなかったら、あるいはインターネットの動画がなかったらということを考えてみれば、それははっきりする。それらのメディアがなければ、私たちは、出来事をあんなに生々しい形で味わうことはなかったであろう。新聞や雑誌を通して伝えられるのは整理された間接的な情報であり、それはテレビや動画を通して伝えられるときよりも、ずっと遠くの世界のこととして感じられるに違いない。逆によしんば、テロの現場、あるいは、震災と津波の現場に居合わせたとしよう。当然のことながら、そこではテレビや動画を通してよりも、はるかに生々しく恐ろしい体験をするであろう。私たちが受ける衝撃というものは相当なものであり、そこを生き延びても、こころの傷と身体の危機に対する反応が残存し、私たちを苦しめるほどに。しかしながら映像メディアを通した場合と決定的に異なるのは、私は身体を携えた存在として、その場にいるということである。こころが恐怖を感じるばかりでなく、現に身体的な生命が危険に晒される。こころと身体は一致している。一致しているからこそ、その衝撃は計り知れない。だが、テレビや動画を通して私たちがその状況を見ているとき、目の前にあるものは、温かい食事であり安全で落ち着くリビングである。映像を見て、こころは危機を感じて張り裂けそうになりながら、私たちを取り囲むものは安全で落ち着く空間なのである。恐怖と悲しみに満ちたこころと、リラックスしようとする身体。こころとからだは、完全に分断されてしまう。いったいどちらが、私にとって責任をもって生きていくべき世界なのであろうか。どちらが、私にとって「リアル」な世界なのだろうか。

身体を取り巻く実在世界とこころの分断。これは、たしかに昔からあるテーマである。何か気懸かりなことがあるときは、のどかな春の日差しのもとにいても、気持ちは晴れず不安である。このように、今ここにない事柄に対して、気を遣い気懸かりをするあり方は、私たち人間の根本的なあり方である。これは、動物との違いを考えてみればよい。類人猿ではどうかわからないが、たとえば犬であれば遠くにいる主人の安否が気懸かりで食が細るということは、まずないであろう。食が細るのは、今まさに主人がいないという直接的な事象に対する反応である。しかし人間であれば、今まさに夫や妻が側にいない寂しさばかりか、事故にあってはいないだろうか病気になっていないだろうかと、それこそ最悪の事態まで想像し気懸かりになる。

もっとも、このようにありそうもないことさえも想像し、実在世界とこころの世界を分断できる能力があるからこそ、人々は卑近な例では宝くじを買い、あるいはどんなに困難なときにでも一筋の希望を失わないでいられる。キューブラー・ロスが、不治の病におかされ死の床にある人でも、「ひょっとすると……」という希望をこころの底にもち続け、それが彼／彼女らが生きることを支えているという事態を発見し記述[1]したのは、まさにこの点に関してである。したがって、人間には本来は「絶望」などありえない。どんな絶望的な状況の中でも、希望する自由は残されているのである。絶望しているとは、ただ、「絶望することを選択している」にすぎないのかもしれない。

身体を携えて生きている世界から、こころを引き離す能力（そしてこれは、不幸の源泉であり幸福の源泉でもあるのだが）が、人間の本質であることを認めるにしても、現在私たちが晒されているこころとからだの分断の状況は、おそらくこれまで人類史上なかった新しい事態である。目の前にない事態を想像するとき、少なくとも私たちはそれが空想であることを知っている。たとえそれが、私にとって重要な意味をもち、現実感をもつものであったとしても、少なくともそれがこころの内側の事態であることを知っている。ところが、さまざまなメディアを通して私が生きている空間に飛び込んでくる映像は、けっして空想ではない、まぎれもない現実である。今、ここではないどこかで、同時進行的に生じている事実なのである。

私たちのこころを捉えている事象が、空想にとどまらず実在性の領域を侵犯し、その境界があいまいになってしまうと、それは、実は深刻な影響を私たちに与えてしまう。たとえば、人からつけ狙われているという想念や、自分の鼻が醜く曲がっているのではないかという想念を、空想ではなく「現実」だと思い込んでしまったとき、それは妄想や関係念慮といった精神症状とされる。このとき人は、自分のこころのありようと世界との齟齬に苦しみ、自分と他者との齟齬に苦しむ。しかし今や、こうした混乱や苦しみは、それら特別な疾患に限ったものではない。私たちが生きている実在の領域の中に、恐怖と悲しみに満ちた「現実」が、強烈に入り込んでくる。それは「空想」ではなく「現実」なのだ。それによって強烈なこころの動きが生じ混乱することを、誰もが日常生活の中で体験する。もしかすると、私たち誰もが日常的に病んでいる構造を抱え込んでいるのかもしれない。

リアリティとアクチュアリティ

私たちの生きる日常生活が、身体で体験する世界と、身体から離れた経験とに二重化しているという現象を、かつて私は、アクチュアリティ（actuality）とリアリティ（reality）とを区別することで論じたことがある。[2] アクチュアリティとは、身体でもって相互作用しつつ生きる世界であると定義される。今ここで生起しつつある事象に身体的（物理的）に参与し、たしかな実在の「手ざわり」でもって体験する世界である。これに対してリアリティとは、身体が物理的に参与するか否かは問わず、こころにとってリアルな意味をもつ経験世界として定義される。たとえば、テレビを通して飛び込んでくる衝撃的な映像は、私たちにとって生々しい意味をもつリアリティであるが、身体ではかかわることができないという意味でアクチュアリティではない。逆に、日々なにげなく生活している身の回りの事象は、それが毎日のルーチンの中にあれば、アクチュアリティをもつがリアリティに乏しいといえる。

この区別は、心理療法のもつ意味について考察するときの助けになる。[3] 平たく言えば、心理療法とは、日常のアクチュアリティの中に時間と空間を区切る治療枠（リミットセッティング）によって、新たなリアリティの場をつくることから始まる。自分の父親を殺してしまいたいほどの、父親との葛藤をもつ息子がいて、「父親を殺す」ことが彼のこころの成長のためにどうしても必要な過程であったとする。しかし、これをアクチュアリティの平面で実行してしまっては、それは犯罪以外の何ものでもない。そこで、たとえば夢であるとかイメージの表現であるとかを通して、象徴的な意味で「父親殺し」（この場合「父親」というより「父性」との戦いなのだが）をおこなうということが、心理療法を通しておこなわれる。あるいは、セラピストとの関係の中に、父親との関係が移し替えられて（転移され、あるいは布置され）、セラピストとともにそこを生き抜いていく[4]（working through）ことによって、「父親殺し」のテーマをやり抜くかもしれない。このように、心理療法の「空間」として構成されたリアリティの中で、ふだんのアクチュアルな日常のさまざまな束縛からこころが解き放たれ動き出して、その人らしく生きていくきっかけをつかんでいくというわけである。

このことは、フロイト以来、心理療法において重視されている、心的現実（psychic reality）の重要性と別のことではない。アクチュアルな実在としてそれがどうであるのかということよりも、こころの中の現実として、その人にどんな意味があるのかということのほうが、精神分析や心理療法では大切にされるのである。先に挙げた妄想や関係念慮の例でいえば、それを非現実的だとするのではなく、それをもつ人のリアリティとして尊重し共感的に感じ取ることこそが、治癒的かかわりの第一歩であるように。

リアリティの転換と新たなこころのテーマ

とはいえ、実はリアリティとアクチュアリティという言葉は、一筋縄ではいかない用語である。リアリティを「こころにとって現実的なもの」として定義するだけでは済まない、哲学の歴史のうえでの反転があるのであるが、そのことを少し付け加えておきたい。

もともとrealityという言葉は、ラテン語のres（もの）が語源である。つまり、認識する主観とは独立の客体としての「モノ」を表す言葉であった。すなわち、私たちの身の回りにあり、確実に存在している対象世界を示す言葉であった。これは、むしろこれまで述べてきたアクチュアリティのほうにあたる。実際、オーソドックスな哲学では「実在性」と訳される。ところが、近年での用法を見れば[5]（そして心理療法の文脈ではとりわけ）、リアリティは「リアルな事象」として、人間のこころが構成する世界を示すようになっており、逆転した意味をもつようになった。たとえば、本人にとって強いインパクトで迫ってくる夢もリアリティであるとされる。認識主観から離れて客観的に存在しているかどうかは問わず、その人（認識主観）にとって重要な意味づけや信念のことを意味するようになった[6]。

このような転換が思想史上どこで生じて、どのように展開していったかを丹念に辿るのは、あまりにも大きなテーマであり、ここではその議論の詳細に踏み込む余裕はないが、次のことは確認しておきたい。現代においてリアリティを語るとき、それはもはや実在する対象世界のみを前提とすることはできず、実在と離れてリアリティを考えざるをえないということである。冒頭ですでに述べたニュースの映像の例もそうであるが、バーチャルリアリティもひとつのリアリティとして私たちの環境世界の一部となっている。あるいは、毎日毎日、テレビや動画を見て、ゲームをおこない、雑誌や新聞を読む。携帯電話で友人と会話し、ＳＮＳを読んだり書き込んだり、Ｗｅｂを検索したりする。日々の生活が、手触りのある実在するモノに囲まれていた時代と、大きく生活が変わってしまっている。もはやそうした生活が当たり前になってしまって、いかに生活が変わったかを意識しないほどである。こうして私たちがかかわる対象が身体的（物理的）に参与できる世界から離れてしまった中で、私たちにとってのリアリティとは、「こころにとってリアルな事象」として定義しないかぎり、人間の生活やこころについて語ることは不可能になってしまったのである。

このような変化は、一般化すれば人間と対象世界との関係性の転換である。人間が世界をどのように見ているのか、自己と世界との関係をどのように捉えているのかということが変化してしまったのである。そうなると、こころのあり方も変化せざるをえない。こころとは、世界から独立した存在ではなく、世界に対する認識や、世界と自己との関係に関する認識を含んだものだからである。人間のこころに何が起こりつつあるかを知るためには、このように、こころの外で何が生じつつあるかも見極めなければならないだろう。

こころについて知るために、こころの外側で生じていることを考慮する重要性は、そこに留まらない。こころに関する先人たちの思想の意義を真に認識するためにも、不可欠の作業である。たとえば、フロイトの思想を理解しようと思えば、フロイトが生きていた時代、人間のこころと世界とはどのような関係にあったのかを知らなければ、彼がほんとうに概念化し語ろうとしたことは見えてこないであろう。彼らが生きていた時代はどのような時代であるのか、人々の日常生活はどのようなものであるのか、その中で人々のこころの様相は、いかなるものであったのか、そしてそれに対して先人はどう取り組んでいったのかを感じ取ることによって、先人が辿った足跡に、あるいはその精神により接近できるのである。

日常性の心理療法とは

これから展開していく「日常性の心理療法」は、私たちの生きている日常世界のありようと、こころとの関連の分析を通して、現代における人間のこころを、そして現代における心理療法の課題を探究しようとするものである。そのための予備的作業として明らかにしたいのは、精神分析や心理療法の技法や概念の誕生が、当時の社会や人々の生活世界の状況と、どのように密接に結びついているかということである。精神分析の誕生当時と、生活世界のありようが大きく変わってしまった現代において、それらの技法や概念はもしかすると見直されなければならないかもしれない。フロイトにとって生きた必然的な概念が、今の私たちには必ずしも生きた概念であるとは限らないかもしれない。だからといって単純にこれまでの概念を捨て去るのではない。現代の生活世界との関連の中で、それらの概念が位置づけ直され再検討されるべきなのである。これはすなわち、先人たちがどのように、彼らが生きる日常の世界の中で、そのような概念や技法というものを生み出していったのかという、そうした態度や努力の跡から、私たちが学ぶということでもある。

当面、「日常性の心理療法」というタイトルには、三つの意味が込められている。ひとつは、心理療法は日常性を見つめるものでなければならないということである。これからくわしく論じていくこととなるが、もはや、心理療法とは人々が生きている日常生活から身を引き離し、護られた「非日常」の特別な空間の中で、日常ではできないようなリアリティを構成し体験するものであると単純には言い切れなくなっている。テレビをはじめとするメディア、携帯電話やインターネットの普及によって、日常生活の中に数多くの断片化されたリアリティが散らばっている中で、心理療法の時間と空間は果たして今でもそれらの断片のひとつではなく、特別な時空として独自の力をもちえるのであろうか。もし心理療法がそうした力を失っており、それを回復することが心理療法にとって重要であるとするならば、どのようにしてそれは可能となるのであろうか。あるいは、心理療法がこれまでもっていた力を失うのはむしろ当然で、心理療法は非日常として留まるべきでなく、別のあり方を目指すべきなのであろうか。こうしたことを、問いかけてみたい。

たとえば、面接室の中でクライエントの携帯電話やSNS、あるいはメールの着信音が鳴り、面接中にクライエントがそれに応答するということは、今や心理臨床に携わる者たちの多くが経験したことがあろう。極端な場合、中高生との面接では、彼／彼女たちは一時間でもスマートフォンの電源を切っていることが怖くて、ひっきりなしにやってくるメッセージに応答して時間が過ぎてしまったという話をきくこともある。このような場合にセラピストはどうすべきなのか。これは、単なる技術的な問題を越え、心理療法の時間と枠というリミットセッティング、あるいは心理療法が日常生活の中においてどのような意味があるのかを、根本から問いかける重要な問題である。

「日常性の心理療法」に込められたもうひとつの意味は、私たちの日常性に対して心理療法が必要なのではないか、ということである。心理療法の本質のひとつは、クライエントの「問題（問いかけ）」を深めていくことである。たとえば、自分の上司と折り合いが悪いという訴え（問題）を主訴とするクライエントが来談したとしよう。心理療法の中でクライエントは、自分の親との関係を上司との関係に転移しているのだと、あるいは自分で自分を非難する声を上司に投影しているのだと気づいていく。そして、自分と親の関係を見直したり、自己評価や自己の性向について考えたりするようになる。さらには、何をやっても不安であるという自己の存在不安に関するテーマに取り組むようになることもある。こうした一連のプロセスは、問題を解決していくことではなく、問題を深めていくことである。

同じような作業が、私たちを取り巻く日常性に関しても必要ではなかろうか。たとえば、少年犯罪が凶悪化しているという言説、家庭の養育機能、家庭の食卓が崩壊しているという言説などが、かつて、いや今でも満ちあふれている。そして「こころの教育」の必要性が叫ばれている。しかしながら、詳細にデータを検討し、社会・歴史的な変化を遡ってみると、実はこれらの言説自体を相当に批判的に検証しなければならないということが見えてくる。これらの言説が叫ばれるがために、むしろ問題の本質が隠蔽されてしまっているようにさえ思われる。ほんとうに取り組むべきは、これらの安易な言説はなぜ生み出され、これほど信じられるようになってしまったのか、これらの言説を信じるところに、私たちのこころのどのような不安やテーマが投影されているのかを探究していくことなのである。このような「日常性に対する心理療法」という意味が、「日常性の心理療法」には込められている。

そして三つ目の意味。心理療法においては、問いかけが深まっていけば、症状自体は消えることが多いが、心理療法の過程はこれで終わりではない。それが自己の存在の根源にかかわる問いかけであるのならば、生きることそのものに関する探求を続けていかねばならない。すなわち、心理療法のもうひとつの、そしておそらくもっとも重要な役割は、個々人が生きるコスモロジーの構築に寄り添っていくことにあるのである。

私たちの生きるリアリティが多層化し、どこに生きる基軸を置けばいいのか不分明となっている現在、すでに多くの人たちが自分自身のアイデンティティや神話を求める内界や外界の旅を始めている。ある者は、自分自身の出自や祖先の出身地にアイデンティティを求める。ある者は神話にこころを惹かれ、祭りや水を求めて各地を巡る。ある者は、バーチャルな世界に、自分の生きる世界を打ち立てようとする。またある者は、ひたすらに内界の旅を続けていく。「日常性の心理療法」においては、このような私たちが現代を生きるうえでのコスモロジー構築への探求が、私たちが生きることにどのようにかかわってくるのか、そして心理療法は、そこにいかに寄り添っていくべきかといったものにも、考察の射程を及ぼしたい。

地を這うように

本書で扱うような、メディアとこころの関係、現代の社会の分析とこころの関係といったテーマは、すでに社会学で一定の仕事が展開されているものである。本章で展開されるアイデアのいくつかは、それらにヒントを得ていることは申し添えておこう。しかし、筆者は社会学者ではなく臨床心理学者、そして何よりも心理臨床家である。日々の心理臨床の中で、こうしたテーマが身近な重みをもつことを感じ、筆者なりに考えてきた、そのことを書き記していきたいのである。心理療法を通して出会うクライエントたちがそして自分自身が、今の世界の中で毎日生き方を探している。それは、「いかに生きるか」という問いを超え、「なぜ生きるのか」「なぜ生きなければならないのか」という問いかけになることもある。ローカルな地べたを這うような毎日の実践と生活の中に私はいる。けっして高所大局的に現代社会やこころを論じることはできない。華やかな鳥ではなく地を這うような「蛇の目」からしか語れぬことを、紡ぎだしていきたい。それが、「日常性の心理療法」に込めた最大の願いである。

(1) Kübler-Ross, E.: *On death and dying*, Macmillan, 1969.（川口正吉訳『死ぬ瞬間—死にゆく人々との対話』読売新聞社、一九七一年）

（2）大山泰宏「日常性の心理療法」『こころの科学』八九号、二―一〇頁、二〇〇〇年

（3）リアリティとアクチュアリティという用語を、人間のこころの理解に関して使用した例としては、木村敏の仕事がある。彼は、リアリティをその res（ラテン語で「もの」の意味）という語源に着目して、「物質的な世界」あるいは「因果律で語ることのできる物理的な世界」ということで考えた。これ対してアクチュアリティというのは、その act という語源に着目して、私たちにとって生き生きと感じられる世界を示すものとした。したがってたとえば、離人症においては、「もの」としてそれがあるというリアリティは保たれるが、それが「ある」という感覚であるアクチュアリティが失われるとしたのである。本章での使い方は、木村の用語とは異なるものである（参考：木村敏『偶然性の精神病理』岩波書店、一九九四年）。

（4）working through（Durucharbeitung）はフロイトの用語で、一般に徹底操作と訳される。セラピストとクライエントのあいだに布置されたクライエントからの転移、そしてセラピストからの逆転移などを分析し、それを本来あるべき場所へと納めていくために、共同作業を仕上げていくことである。徹底操作という訳語は、セラピストの側からの操作的なニュアンスを含むので、その本来の語感を重視した訳を当てはめた。

（5）たとえば、現象学的社会学者のシュッツ（Schütz, A.）の多元的現実（multiple reality）という概念は、その代表的なものである。これは、私たちが生きる現実とは、対象世界の構造から構成されるものではなく、私たちの経験の意味から規定されるとするものである。同じ実在の世界にいても、それがどのような「現実」であるかが異なってくるのである。

（6）本章で用いるアクチュアリティという概念も、一筋縄ではいかない。actuality は、その語源に act をもつことからわかるように、動的な過程を含んだものである。アリストテレスによれば、現実に存在するものは、可能的形態（デュナミス）が現実化された形態（エネルゲイア）である。この energeia がラテン語で actualitas と訳されたことが、actuality の語源である。したがってアクチュアリティとは、哲学においては、運動や生成の結果として現に存在しているものという意味であり、本章の用法とは異なる。

第2章 無意識という思想の誕生

ある日の日常

街は、耐えきれないほどの悪臭に満ちていた。原因のひとつは、家の窓から街路の側溝に捨てられる屎尿であった。夜など気をつけて歩かなければ、それを頭からもろにかぶってしまうこともあった。側溝に溜まった排泄物は、掃除人が片づけ街の外へ持っていくのであるが、彼らが休みとなる土日が明けた月曜日など、街の悪臭はとくにひどいものであった。耐えきれず木陰へ行くとそこでは、人々が憚ることなく排便をしていた。ときには、不届き者の排泄物掃除人が放棄した屎尿がぶちまけられていた。木陰は、私たちが考えるような身を休める場所などではない。

土は腐敗し、強烈な臭いが染み込んでいた。その臭いに長く晒されれば、病気になってしまうと人々が信じていたのも無理もない。

街路を歩けば、家々の壁はそこかしこにされる立ち小便のためボロボロになっていた。街の中ほどには教会がある。そこの墓地には大きな穴が掘られ、墓を持つことができない貧民の死体が無造作に投げ込まれ積み重ねられている。それらは腐敗し、風向きによっては独特の臭いを街に広げていった。

道の至るところには、犬や猫などの獣の死体が、あるものは腐りあるものは干からび散乱していた。誰も片づける者はいない。街の中に数ヵ所見られる家畜の屠殺解体場では、牛や豚の骨や臓物が、雑然と積み重ねられていた。屠体処理されるときに出る血液は街路を伝い流れ、血糊の膜が層となり石畳を覆っている。その上を、家畜の頭や臓物を積んだ荷車が、強烈な臭気を発しながら通っていった。

もし、私たちが一八世紀末のヨーロッパの都市に迷いこんだら、こんな風景に出くわすことだろう。この風景はけっして誇張ではない。アナール学派[1]と呼ばれる歴史学の一派の旗手、アラン・コルバンがその名著『においの歴史』[2]で執拗に明らかにした、当時のヨーロッパの一般的な都市の様子である。現在の私たちの感覚や街のイメージからすれば、人々がこのような場所で日常生活を営んでいたとは、想像しにくいかもしれない。しかしこれこそが、一八世紀の人々が生活する空間のアクチュアリティであった。

このようなアクチュアリティは、「書かれたもの Geschichte」としての歴史の表舞台には、なかなか表れてこない。なぜならそれはあまりにも当たり前で書くには及ばなかったからである。そうした意味では、当たり前すぎてむしろリアリティには乏しかったのかもしれるない。歴史は何よりも、「出来事 Ereignis」の連鎖として描かれる。だが出来事は、そもそも日常生活とは異なった特別な体験であり、だからこそ、こころに残り記述されたのである。したがって、出来事の連鎖として歴史を描き出してしまうと、人々の生き方やこころのありようを背景として支えていた、確実な重みのある日常のアクチュアリティを捨象しまうことになりかねない。むしろ必要なのは、書かれなかった日常の側から歴史をつづり直すことなのである。

本章で試みたいのは、冒頭で述べた日常が大きく変化していった一九世紀後半の歴史をつづることである。一九世紀後半とは「無意識」という概念が次第に明確化され、精神分析が成立してきた時期である。

無意識概念の成立の歴史を描くには、いくつかの方略がある。ひとつは、啓蒙主義やロマン主義などをはじめとする、精神分析につながっていく思想の系譜を辿るものである。あるいは、フロイトをはじめとする精神分析の成立に重要な役割を果たした人物の伝記を描くことでも可能であろう。

しかし、このいずれの方法でも「出来事」をつづり語るがゆえに、日常的で当たり前で出来事にもならなかったような事柄、すなわち、もっとも恒常的に「無意識」概念の誕生に影響を与え続けていたであろうアクチュアルなものは、その記述からこぼれ落ちてしまう。無意識という概念そして精神分析が、当時の人々にどのようなインパクトを与えたかということも、当時の人々の日常性の構築のされ方を知らなければ、ほんとうの意味では理解できないであろう。

どんな思想も、ある時代性を抱えている。とりわけそれが、人間を対象とする人間理解のための思想であるならば、その時代の人々の日常性に対するまなざしなくしては、ほんとうの意味では理解できないであろう。人々はどのような空間に生きていたのか、どんな感覚・感性を持っていたのか、どんな考えや信念を持っていたのか、そしてその思想は何へ向けて発信されたのか、こうした日常性のあり方にまなざしを向けてこそ、ひとつの思想が必然的に生まれてくる姿を、生き生きと描くことができるのである。

近代都市の成立

エレンベルガーがその名著『無意識の発見』[3]で描き出したように、無意識という概念の成立まできわめて長い前駆的な思想史があるが、それが急速に結実していくのは、一九世紀の後半である。当時幅広く観察されていたヒステリーを催眠を用いて治療し研究したシャルコー（一八二五―一八九三）、患者の生活史を詳細につづり、心理分析と心理統合の関係を模索し続けた孤高のジャネ（一八五九―一九四七）、初期のフロイトとともに催眠を用いてヒステリーの治療をおこなったブロイアー（一八四二―一九二五）、そして、それまでの力動精神医学の潮流を結実させるとともに、大きなパラダイム変換をおこなったフロイト（一八五六―一九三九）など、無意識の概念と精神分析の成立に大きな役割を果たした人物は、いずれも一九世紀後半という時代を生きていた。

一九世紀後半という時代は、急速に近代都市が整備された時代である。すなわち本章の冒頭で描写したような都市が、急速に清潔化され変容していった時代である。このことと無意識という概念がひとつの思想として力をもつに至ったこととは、けっして無関係ではないであろう。

シャルコーとジャネが活躍したパリ、ブロイアーとフロイトが活躍したウィーンなどの大都市は、一九世紀には工業の発達にともない、大量の人口が集まるようになっていた。これらの都市はそれまでのあり方から大きな変容を迫られることになる。

フロイト一家が三歳になる幼いジギスムントをつれて移住した一九世紀後半のウィーンを例にとってみよう。その頃のウィーンは、とりわけ繊維産業の発達により多くの労働者人口が流入しつつあった。街の人口は一八四〇年には三七万人程度であったものが、一八八〇年には七三万人、一九〇〇年には一七〇万人というように、一九世紀後半にかけて急増している。このような人口増がもたらす問題は、単に住居や食糧の確保をどうするかといった問題だけではない。当然ながら大量に出てくるゴミと屎尿の処理をどうするか、死体をどこに葬るかといった問題も生じてくるのである。

パリという都市が、多くの人口を集めながらも都市計画において遅れをとっていたのと比較して、ウィーンでは、ヨーロッパのなかでも後発国であったハプスブルク帝国の威信をかけた大規模な都市計画による改造が進められていた。中世以来ウィーンを異民族の進入から護ってきた城壁は、市街地の拡大を阻むものとして一八五三年に取り壊された。その跡にはリングと呼ばれる現在のウィーンの目抜き通りである環状通りが造られ、それに沿って国会議事堂や国立オペラ座など現在のウィーンを代表する建物が建設された。このようにして国民国家の首都にふさわしい整然とした近代都市に変貌していった。

人口集中に伴う屎尿処理の問題は、真っ先に表面化したものである。一八三二年にヨーロッパ各地でコレラが大流行する。まだコレラ菌こそ発見されておらず、病気の原因は屎尿から出る瘴気を吸い込むせいであると考えられてはいたが、いずれにしても屎尿を街から締め出すことが公衆衛生上の重大な問題として考えられるようになった。それまで排泄とは、ところかまわず意を催したときにおこなうものであった。貴族の会食においても、食事中に席を立ち部屋の片隅に置いてある溲瓶やオマルで用を足すのが普通であった。しかもその便器は、普段使われないときには瀟洒な食器類と一緒に、食器棚にしまわれていたのである(4)。しかし、コレラの大流行からの教訓と萌芽状態にあった公衆衛生の考えから、排泄物は危険なもの、できるだけ早く公共の場から消し去るべきものとなったのである。屎尿を窓から捨てるといった汚物処理の方法をなくすため下水道の工事が本格的に開始され、街には大規模な下水道網が張りめぐらされる(5)。これに併行して、各家庭に水洗のトイレットが普及し、汚物は人目に触れないうちに家の外へ、そして街の外へと流し出され処理されるようになったのである。排泄はもはや、ところかまわずするもののではない。トイレットに行くまで我慢し統制するべきもの、そして排泄という行為は人目を憚るべきもの、排泄物は人目から隠されるべきものという、新しい感性と道徳が生じてきたのである。

このような排泄物の排除ばかりでない。「死」も都市から締め出されることとなる。墓地の郊外への大移葬がおこなわれるとともに、墓地のあり方が変わってきたのである。ウィーンでは一七三二年に市内での埋葬が禁止されてはいたが、市外墓地の建設は進まず、一八世紀末になってようやくいくつかの郊外墓地が建設された。一七九一年にモーツァルトが埋葬されたという聖マルクス墓地はそのひとつであり、城壁を出て五キロほど行ったところにあった。しかしこうした郊外墓地は、人口増にとても対処できるものでなかった。また、都市が拡大していくにしたがって、これらの墓地も市街地域に飲み込まれていった。さらに、死者から出る悪臭を吸うのは健康を害するという公衆衛生の考え方にもとづき、墓地は遠く離れた郊外に大々的に移設され、ウィーン中央墓地が造られるのである(6)。この墓地は、それまでの暗く陰惨で不衛生な墓地とは打って変わって、明るい公園のような墓地として造られた。そしてベートーベンやモーツァルトのような音楽家をはじめ、偉人や著名人の墓を集め、家族ばかりでなく国民的な英雄を偲ぶ場所とされたのである(7)。墓地はもはや、死そのもののリアリティに出会う場所でも、死霊を閉じ込めておく恐ろしい場所でもなくなり、ロマンチックな慕情に浸る場所となったのである。

墓地が移設されたのと同様、公衆衛生上の理由から、屠殺場も街の外へと追いやられた。それまで、街中で家畜は屠体処理され、その骨や頭などは、町中に晒されるがままになっていた。しかしながら、屠殺場は町外れに置かれるようになり、ここでもやはり死を目にすることがなくなっていったのである。(8)

死と穢れの排除と内面化

こうした都市の変化、すなわち近代都市の整備は、地域に多少の差はあれ、一九世紀後半にヨーロッパ各地で生じていたものである。そして二〇世紀に至る頃には、現在私たちがイメージするような都市の姿が完成した。ここには、次のような特徴的な構造が見られる。すなわち近代都市は衛生的で機能的であろうとして、それまで日常の中にあった汚れや死を締め出し、空間を二分したのである。もっと正確にいえば、日常から締め出されたことにより「汚」や「死」として明確に意識されるようになり、「汚」や「死」という非日常として成立したのである。そのような観念の成立、それを忌む感性の成立であり、それらがアクチュアルにはなくなったがゆえに、内面のテーマとして成立したということに他ならない。

もちろん死と汚《けが》れの排除、それを忌む感性は、近代に特有のものではない。人類の歴史において早くから死は忌まれ、汚れは排除されてきた。しかしそのような排除は、人間の世界から「異界」への排除であった。人の世から、人が与り知らぬ外部の世界への排除であったのである。だからこそそれは、宗教性とかかわりをもっていた。汚《よご》れではなく穢《けが》れであったように。しかし、近代における死と汚れの排除は、異界への排除ではない。現世の領域の中で、人間の意識的な操作の中での排除なのである。私たちの生活世界から排除されながらも、それらは私たちの営みの「内側」の事象としてとどまり続けるのである。これがまさに、精神分析でいうところの抑圧という事態である。ここにおいて、人間のこころの構造は複雑化する。私たちから排除されながらも、私たちの内側に存在する「それ」を記述するためには、「異界」ではなく「無意識」という概念が必然的に要請されるのである。

日常から追い出したゆえ、死体や糞便に遭遇することはなくなった。しかし、それらはこの世から消えてしまったのではない。私は知っている、それらが私たちの営みの内にあることを。誰もが抱えているはずのものであり、人間の本質にかかわるものなのである。けれども、公共の場から排除されたがゆえに、それについて人々と語ることはできない。私自身が秘密のうちに私の内面に抱えなければならないのである。生活する現実にアクチュアルなもの(9)として存在させなくなったがゆえに、それらは「観念」として、いつでもどこでも私が内面に抱え、私につきまとうリアリティとなったのである。

内面化された死と汚れというリアリティは、細菌の発見によって、強迫観念へとなっていく。一八六四年にパスツールにより自然発生説が否定されたとき、腐敗には何か見えない原因があることが示唆された。それ以降一九世紀後半には、コレラ菌、結核菌、ペスト菌、赤痢菌など、死に至る病である疫病の菌があいついで発見された。それまでの公衆衛生の考え方では、排泄物や死体そのものが危険なのであって、重要なのはそこから遠ざかっておくこと、それらを遠ざけておくことであった。病気や死をもたらすのは、排泄物や死体から出る毒ガス（瘴気）を吸い込むからであって、臭いを遠ざけておくかぎり身は安全だと考えられていた。また、身を護るためには臭いのするところには近づかなければよかった。しかし、細菌の発見によって、疫病の原因は目に見えない細菌であり、悪臭とは無関係だということになったのである。悪臭がないところにも細菌が潜んでいるかもしれないのである。だとしたら、どのように細菌から身を遠ざけておくことができるのか。私たちは、目に見えない敵にいつも脅かされ、それと戦わねばならなくなったのである。

細菌の発見は、たしかに医学の勝利であり、疫病の根源を確定したものであった。しかしそれは同時に、目に見えないものに対する恐怖と不安の始まりでもあった。そして、目に見えないものとの戦いであるがゆえ、強迫的な衛生化と排除の始まりでもあったのである。このときから、細菌の存在を予感させるわずかな悪臭にも不寛容な心性が登場し、貧民たちを「悪臭の源で危険なもの」とする新たな差別の排除の態度が生じてきたのである。

性の強迫観念化

内面化され強迫観念となったのは、死と汚ればかりではない。性もまた然りである。無意識の発見の直接のきっかけとなった、一九世紀末に広く見られたヒステリーは、抑圧された性のテーマと深く関連していた。この意味を理解するためにも、一九世紀末の性に対する考え方を知っておかねばなるまい[10]。

フロイトが育った一九世紀末、ちょうど近代都市が誕生するのと同様に、「性」に関する人々の考え方も大きく変貌した。一八世紀まで、性に関しては、現在の私たちが考えているよりはるかに放逸であった。性はけっして私秘的なものではなく、公共の場にあるものであった。貴族の食卓では、食後に男性が婦人方の乳房を愛撫することは、男性のたしなみであった。子どもを寝かしつけるために、就寝前に下女や母親が子どもの性器を愛撫することも習慣的におこなわれていた。

しかし、このような性のあり方は、工業化の進展にともない発達したブルジョワジーという市民層が形成した道徳観によって、忌まわしいものとされるようになった。市民層の家庭は、マックス・ウェーバーが明らかにしたように、プロテスタンティズムに由来する道徳観に貫かれていた。かつて宗教改革をなしたルッターは、家庭というものを教育の根本に据え、男女の役割の分化、すなわち、男性は労働し、女性が家事や育児をするという家庭観を提唱していた。その規範に従う家庭を彼／彼女らは作り上げたのである。しかも、生産の場である工場が家から離れたゆえ、男は外に出て働き、その留守中を妻が守るということが一般化してきた。また、近代的な軍隊が組織化されたこともあり、男は勤勉さ、軍人的な厳粛さ、節制が、女性は貞淑が美徳とされるようになった。男性は理性的で自己統制しておりめったに泣かないもの、対して女性は感情的で衝動的で涙もろいものという、ステレオタイプが成立しくる。「非合理性」や「非抑制性」という弱い部分は、ことごとく女性の性質として定位されるようになったのである。どのような性質が男性と女性に求められていたかは、服装の変化をみるとよくわかる。一八世紀末の服装は男性であれ女性であれ、多色使いでフリルがつき装飾も多く大差なかった。しかし、一九世紀末ともなると、男性は軍服がもともとのモデルである黒のスーツに身をつつみ、女性はコルセットやフリルで強調された非機能的で動きにくい服装となっていったのである。

その頃の市民層の家族観とは、次のようなものである。家族は、社会生活の単位として愛の巣であり、夫婦には人格的な結びつきがある。性交は愛のある人格的な結びつきの結実であり、けっして放縦な快楽のための性は許されないし、夫婦以外との性交も許されない。子どもは、純真な子どもとして可能性に満ちており、けっして性で汚してはならない。子どもの可能性を伸ばすために家庭でしつけや教育を施さねばならない。こうした近代家族が成立したのである。

しかも一九世紀後半、物理学のエネルギー保存則の考え方の影響から、人間の使える性的エネルギー量は、一生の間で決まっていると考えられていた。性的エネルギーを消費しつくしてしまわないように、自慰は厳しく禁止された。また、フロイトの症例であるシュレーバーの父が考案した、遺精防止のための「シュレーバー体操」が、軍隊をはじめ学校で推奨された[11]。男性の性がこのように統制されるべきものであったのに対し、女性には「非合理」や「非抑制性」が定位されたように、性に関しても男性の影の部分が投影された。たとえば、女性は性的エネルギーに限りがなく、男性がそれを理性によって統制して導かねばならないという屈折した考えも生まれている。これは明らかに、男性の統制しきれない性の衝動を、女性に投影したものであった。

排便や排尿と同じく、性は統制されるべきもの、公衆の面前ではなくプライベートな空間の中にこっそりと閉じ込められるものとなったのである。この心性の変化は逆説的に、一九世紀末に買売春を非常にさかんにさせた。禁欲的な性に我慢しきれない男たちは、娼婦を買いに走り、女中やメイドを欲求を満たす対象とした[12]。一方、市民社会層の女たちは家に閉じ込められ、夫以外との性交は厳しく禁止され、人前で性的なことを口にすることも忌むべきこととされていた。このような性に対する男性からの女性の抑圧と、市民社会の道徳が、ヒステリーという症状形成をもたらした一因であった。

男たちにとって夫婦以外の性交は、貴重な性エネルギーを浪費するものとして罪悪感の源でもあった。また、下層階級の女たちとの性交は、目に見えない病への恐怖心をかきたてるものであった。こうした罪悪感と恐怖心が、先天性梅毒への強迫観念を人々にもたらしていた。いったん梅毒にかかってしまうと、それが子どもに「遺伝」して、末代まで腺病質で背骨の曲がった精神疾患のある子どもが生まれ、恥をさらしつづけると信じられ恐れられていた。梅毒は個人の問題ではなく、家族全体を巻き込み人類を危機に陥れる問題として恐れられ、この目に見えない敵に対して、強迫的な排斥運動が生じるようになる。

性の象徴化

ここで、一九世紀末に生じた性に関する態度として、もうひとつ重要なことを述べなければならない。それは、この時期に性が象徴的な存在となってきたことである。性が公共の場にあったとき、それはどこにでもあるもの、即物的なアクチュアリティであった。しかしながらそれが私秘的なものとして隠されるようになると、隠されるがゆえにその予兆や象徴に関する敏感さ、性に関するイメージを育てることになった。

この傾向は、繊維産業の発達によって、さらに強化されていく。布地は女性性と結びつけられ、その象徴となった。ミシンが家庭に普及し、タンスの中は真っ白い布地で刺繍やフリルのついたナプキンやテーブルクロスで満たされる。また、豊富な綿製品は下着を着ける習慣を一般化させることとなった。それまでは、裸体の上にじかに衣服をまとっていた。新たに着用が習慣化してきた下着は、衣服とも異なり裸体とも異なる、第三の存在であった。裸体を隠すものであると同時に、その奥にある身体を想像させ欲望させるイメージをまとった中間領域の誕生である。白い布の下着は、性のイメージとして象徴化され、それがゆえに人々に観念としてとりつくようになったのである。実際、一九世紀は下着泥棒も多発していた。またフリルのついた下着のイメージは、やはりフリルのついた女中のエプロンやハンカチへと延長され、これも性的なフェティシズムの対象となった。

もうひとつ、性に対する変化をもたらしたものは、香水である。それまでも香水は存在していたが、それはもっぱら体臭を消すために使用される、においのきついものであった。一九世紀後半に体の部分部分を洗う習慣[13]が出てくるまで、体には垢がたまっているほど健康であると考えられていた。垢は体を保護するものであり、そうした垢を洗い流すことで病気になると考えられていた。これに加え、本章の冒頭で述べたような不衛生な状態にあるゆえ、人々の体臭は相当なものであった。服も羊毛や麻、皮革が主であったため洗濯をすることができず、臭いがこびりついていた。したがって身体の臭いを消すために、強烈なにおいの香水が用いられていたのである。

しかし、一九世紀後半には街が衛生化し、細菌を予感させる臭いへの不寛容さから体を洗う習慣が徐々に普及した。しかも洗濯が可能な綿製品が普及してくると、そのような体臭は上流階級からは急速に駆逐されていった。代わりに香水は、ほのかに香り、女性性をアピールするという、象徴的な意味が持たされるようになったのである。

以上のような変化は、性というものが即物的なものではなく、想像的なものとなってくることを示している。これは、目に見えぬ細菌への想像的な恐怖と同じく、強迫観念として人々を捉えるようになっていったのである。無意識という概念に性が重要な意味を持つようになってきたのは、このような人々の日常性の変化がかかわっているのである。

新たな課題

一九世紀後半の人々の日常性の変化と心性の変化から、必然的に要請された無意識という概念。その成立から今、一〇〇年以上の月日が経った。死や汚れ、性が公共の場から締め出され、それを強迫観念としてこころの内に抱えざるをえなくなったという構造は、現代の私たちの生きる日常にも変わらず存在しているのであろうか。これを考えてみれば、また新たな日常性の構造が出現していると言わざるをえないであろう。インターネットをはじめとする電子メディアにより、近代社会で都市の公共空間の外側に排除された事象は、ふたたび都市の中にリアリティとしてもたらされつつある。しかし同時に、街はますます衛生化され、死は私たちのアクチュアルな生活から締め出されてしまっている。その一方で私たちは、目に見えぬ細菌やウイルスに脅かされ続けている。日常性のあり方とこころの密接な関連性ということを考えたとき、いったい私たちの日常はどのように変化しつつあり、私たちのこころはどのように変化しつつあるのだろうか。

（1）通常の歴史学が出来事中心に書かれているのに対して、アナール学派は、記述にのぼらないような人々の日常性を丹念に洗い出し、そこから規定される感性や心性のありようとその変容から、生活史を描こうとする立場である。本論も、ここから大きなヒントを得ている。

（2）アラン・コルバン（山田登代子、鹿島茂訳）『においの歴史―嗅覚と社会的想像力』藤原書店、一九九〇年

（3）Ellenberger, H. F.: *The discovery of the unconscious: the history and evolution of dynamic psychiatry*, Basic Books. 1970.（木村敏、中井久夫監訳『無意識の発見―力動精神医学発達史（上・下）』、弘文堂、一九八〇年）

（4）前掲『においの歴史』

（5）ここでいう下水道は、汚物と汚水を分離する乾式下水道をさす。それまでパリやウィーンにも下水道がなかったわけではないが、これらの下水道の多くはローマ時代の遺物であり、手入れもほとんどされていなかったうえ総延長も短く、とても近代都市に対応できるものではなかった。また、汚物をそのまま川へ流す方式であり、河川の汚染をもたらしていた。

（6）このとき数ヵ所あった郊外墓地は閉鎖されるが、マルクス墓地のみは歴史的施設として保存されることになった。

（7）森謙二『墓と葬送の社会史』講談社現代新書、一九九三年

（8）街路の猫や犬の死体は、この頃に肥料としての価値があることがわかると、それを集めて売る職業が出てきたことで、やはり路上からはほとんど姿を消すこととなる。

（9）第1章参照

（10）アラン・コルバン（小倉孝誠他訳）『時間・欲望・恐怖―歴史学と感覚の人類学』藤原書店、一九九三年

（11）このシュレーバー体操は、現在のわが国の「ラジオ体操」の直接の起源である。

(12) これを正当化するために、男性がその理性でもって女性の性欲を統御し導かねばならないという考え方も生まれていた。

(13) 入浴は梅毒の伝染の危険性があると考えられていた。水に身体を浸してしまうことへの抵抗、たとえ私秘的な空間であれ裸体を晒すことへの抵抗が強く、この習慣が一般化したのは、上流階級でも二〇世紀に入る頃である。

第3章
「私」はどこから来てどこへ行くのか

この世の外へ

一九世紀の半ば、パリの生活に倦んだひとりの詩人は呟いた。「人生とは病院のようなものである。そして病人たちの頭からは、ベッドを替えたいという思いが離れない。ある者はせめて暖炉の前に行きたいと思い、ある者は窓の側へ行けば病気が治ると信じている。私には、私が今いない場所に行ったほうが、自分は幸せになるのではないかといつも思えるのだ」と。そして、彼は自分の魂に呼びかける、リスボンへ行こうか、オランダへ行こうか、バタビアへ行こうか、あるいはさらには遠く、夜と昼との区別が緩慢で薔薇色をした黄昏が続く死の国のような極北へ行こうかと。そのとき彼の魂は叫ぶ。「どこであってもかまわない、どこでもいいのだ、この世界の外であるならば」(1)。

ボードレールのこの叫びは、近代の多くの芸術家にインスピレーションを与えたほど、普遍性をもつものであった。「この世界の外のどこか」への憧れ。これこそが、ロマン主義を導いた思いである。そしてこの渇きには、根本的なパラドクスが含まれている。私が「ここ」を否定して、外のどこへ行こうとも、辿り着いたその場所は、とたんに「ここ」の世界に成り下がってしまうのだ。私の魂が「この世界の外」を求める過程に終わりはない。永遠に、自分がいるべき場所を否定し憧《あく》《が》れ彷徨い続けるのである。

この世の外の消失

ここでもし、私が今生きている「ここ」の世界しか知らなかったら、どうなるだろう。もちろん私には、どこか外の世界を夢想することはできる。なぜなら、今ここにない自分を想像するというのは、人間の根本的な能力であるのだから。しかしその場合の「ここでない世界」は、そこがどんな場所であるかをすでに知っているような「リスボン」や「オランダ」ではありえない。そこは私たちにとって、知ることのまさに外側にあり、名づけることのできない「異界」なのである。かつて地の果ての外には魔物たちが住む海があり、村を囲む深い山々は神の領域であったように、あるいは、ここでない世界は彼岸であり、補陀落浄土や永遠の天国であったように、この世を超越する世界であった。それらは、私たちの住む世界の絶対的な外であったのである。「ここでない世界」がそのような絶対的他性や超越性を失い、いつか行けるかもしれない場所となったのが、近代のコスモロジーの根本にある特徴である。

一五世紀に始まる大航海時代は、ヨーロッパ世界に根本的な地理的感覚の転換をもたらした。民俗学者の赤坂憲雄がボルノウ(2)を引きつつ述べるところによると、それまで各民族は、自然な生活感情にもとづき、自分たちの住む空間を世界の中心に置き、それと関連づけるかたちで、コスモロジーを形成していた。辺境の人々は不可解な言葉をあやつるバルバロイであり、さらに遠くの世界は、ごく限られた伝聞や空想を媒介として、ある種の隠喩的関係によってしかつながれない、異次元の世界であった(3)。

ところが、アメリカ大陸の発見、喜望峰を通ってのヨーロッパへの帰還といった大航海時代の歴史的な出来事は、こうしたコスモロジーに根本的な変化をもたらした。かつてはヨーロッパ人の認知地図の外にあり奈落世界と同義であった場所が、実は世界の果てなどではなく、具体的な地理的空間として存在することを知らしめたのである。素朴な生活感情にもとづく「われら」を中心とする世界観は相対化され、打ち砕かれる。

そして異国からもたらされる文物や見聞記が、人々の日常生活の中に急速に流れ込んできた。このことは地理的感覚の変化をもたらすばかりでなく、「今ここ」の生活自体を変容させる。これは、急速に流通しはじめた香辛料などの物質が人々の生活習慣を変えるといった単純な意味ではない。今ここの空間に生きながらも、その空間が二重化され多層化されるのである。すなわち、私が今生きている生活世界の中に、いつかどこかで行けるかもしれない世界に関する情報が挿入され、今ここの世界に裂け目が生じる。私は「今ここ」に生きつつ、「われら」の世界ばかりでなく、「かれら」の世界を思いながら生きることになるのである。

もちろん、「今ここ」で生きられる空間と想念の世界との二重化は、昔からあった。しかしそれは、「今ここ」の世界と「異界」との関係であり、あるいは、「現世」と「あの世」との関係であり、垂直方向での超越性をもつものであった。これに対して、近代における空間の二重化は、世俗的な平面での水平的な横滑りである。天国や奈落に行って帰ってきた者はいない。しかし、アメリカ大陸やインドに足を踏み入れて帰ってきた者は現にいる。「今ここ」でない世界は、その永遠性と他性を失い、いつか行けるかもしれない世俗的な世界として、私たちの想念の中に定位されたのである。

「どこであってもかまわない、どこでもいいのだ、ただ、この世界の外であるならば」。このボードレールの魂の叫びは、もはや空間が超越性を失ってしまい「この世の外」がどこにもなくなってしまったことに対する、悲痛な叫びである。リスボンやロッテルダムといったヨーロッパの都市は、当然ながらこの世の外ではない。大航海時代がもたらしたバタビア（インドネシアの首都ジャカルタ）も、もはや世界の外ではない。当時、ジョン・フランクリン卿探検隊の悲劇が伝えられ、冥府のイメージが色濃く残っていた極北さえも、もはや異界ではない。どこへ行こうとも、それはこの世界の世俗性の内へ、そして、「私」の想念の内へ取り込まれてしまっているのである。

内面性の誕生——書物とプライバシー

自然な生活感情から構成される地理感覚の中に生き、「この世界の外」が存在していたとき、この世以外のものを思い描くことのできる人間の内面の想像力は、悪魔や天使の世界、異界や神という超越的な世界の実在性を人々に実感させるものであった。私が今自分のいる世界を離れて神を思うことができるということは、そのまま、この世の外に神がいるということの証明に他ならなかった。そこには厳密にいえば、内面と外面の区別はない。内面のイマジネーションは即座に、私が生きているこの世界の外のことであるのだから。近代的な内面性を獲得した私たちの視点からは、こころの最内奥が即、絶対的な外部であるという、クラインの壺のようなイメージを借りてかろうじて想像するほかないであろう。

空間が絶対的な外部性や超越性を失い、人間の内面も世界の外としての外部性を失っていくことは、近代的な内面性が成立してくることを意味する。想像することは、私の外部とつながることではなく、私の内部でおこなわれることとなってきたのである。この近代的内面性が誕生するプロセスに大きな影響を与えたのが、活版印刷というメディアであった。一五世紀半ば、グーテンベルクによって発明されたとされる活版印刷術は、大量の書物を作成することを可能にした。もっとも、グーテンベルク自身が構想していたのは、革新的な技術というよりも、それまでの写本や木版の技術を、より簡便化したものであったにすぎない。この技術のほんとうの革新的な意義が出てきたのは、それから数十年後、ルッターがドイツ語訳の聖書を印刷しプロテスタンティズムの成立を決定的にしたとき、そして一七世紀に至り国民国家言語で書かれた数多くの書物が出版されるようになってからである。

読書の習慣が普及するにしたがって、人間の精神には新しいあり方が生まれてきた。書物は、「今ここ」の世界に裂け目をもたらし、「いつかどこか」での世界を挿入するもっとも端的な装置である。わたしが身体を携えて生きているこの世界にいながら、さまざまなリアリティに遊ぶことができる。暖炉の前の椅子にいながら、バタビアで冒険し別の人生を生きることもできる。しかも文字に定位された言葉を読むこと自体に、精神を身体から引き離す作用がある。口承の世界で言葉が音声に依拠していたとき、それはリズムやイントネーション、息づかい、感情やニュアンスというものと密接に結びついていた。これに対し、目で文字を追って読むという行為からは、身体の作用は失われる。たとえ身体が無動であったとしても、精神においては活動的な世界が展開されうるのである。身体が現に生きている世界と内面で生きている世界との二重化は、ますます進展する。

そして書物は、情報や知識を得ることを公の場から引き離し、私的な営みとする。書物が普及していないとき、情報を得ることは公共の場でこそおこなわれるものであった。それは、人から人へ口承される情報であり、稀少な書物を誰かが読みあげ、それを聞いたり書き取ったりすることであった。ところが書物が普及すると、情報を得ることは、人々との交わりから身を避け個室に閉じこもり、書物を黙読することへと移行したのである。ここには、住居が次第に個室空間をもつようになってきたことも影響している。一八世紀までにはすでに、静かに内省するための書斎が、市民階級の人々の家に広く設けられるようになっていった。[4] そこで書物を読むことは、きわめて私秘的な作業であったため、本はカーテンやガラス仕切りの向こう側に人目に触れないよう隠されていた。ちょうど現在の私たちが、自分の閲覧したWｅｂの履歴を他人に見られることを好まないように。

このような習慣は、privateという言葉を誕生させることになる。もともとprivateとは、公共性を剝奪されたという欠如態を表す、どちらかといえば否定的ニュアンスをもつ言葉であった。deprive（剝奪する）という言葉と語幹を同じにすることから考えてみればよい。しかしながら現在では、privateやprivacyには、侵すべからざる個人の基本的単位や権利として第一位の優位性を与えられているように、この言葉の価値は逆転したのである。公共性から離れながらもそれ自体で意味をもつ、「個人」という観念の成立である。そして公共性とは、そうした個人が集まることで事後的に構成されるものとなった。

「私」という意識の成立

黙読の習慣の普及にともなって、人々の「コミュニケーション」のうちの何割かは、誰か他の人との対話ではなく、プライベートな空間の中での書物との対話によって占められるようになる。人と人との会話であれば、こちらが語る文脈に合わせて相手が話すことを変化させるという、相互調節性がある。しかし書物は、こちらに合わせてみずからの文脈を変えたりしない。したがって書物との対話をおこなうときは、読み手の側が、書物の側の文脈を推測しつつ、それに合わせて自分の文脈を構成していかねばならないのである。

ここで読み手には、二つの精神作業が要求される。書物を読むことでそのつどそのつど自分の中に文脈を構成していく作業と、そうして構成された文脈自体を俯瞰しながら、書物の文脈との整合性を考えつつ舵取りをしていく作業とが。すなわち、読むという行為をなす活動する自己と、それをモニタリングする自己とに分かれるのである。

同時に、読むことばかりでなく書くことも獲得した者たち、すなわちリテラシー（識字）をもった者たちは、自己について日記を書くことを始める。一日の自分を振り返り、自分を見つめ、自己を俯瞰しつつ自分の感情や動機を言葉によって分節化し、文字に綴るのである。自己をリフレクションするという近代的な反省意識が生じてきたのである。一七世紀末頃から壁かけの鏡が、好んで個室の中に設けられるようになったが、これは文字どおり自分自身を見つめ、リフレクションするのを助けるためのものであった。

反省意識そして自己を俯瞰する自己の誕生こそが、「私」という意識を明確に成立させた。一八世紀頃から、文章には「私」という主語が頻繁に用いられるようになったことに象徴されるように、「私」という主体が明確に意識されたのである。自己を俯瞰する自己が希薄なときは、自己は状況や時間において、そのつどの現れ方が異なる。このような自己はちょうど幼児がそうであるように、関係性の中から規定されるものである。これに対して自己を反省化する自己は、時間や状況を通じても唯一で連続性をもつことになる。「私」という、私たちにとって自明の言葉は、実はそれほど自明なものではない。それは実体として何を指すのかという内実を離れてこそ、象徴として機能しうるものだからである。

言語学者のバンヴェニスト[5]は、誰もが自分のことを「私」と呼ぶことができるという、一見当たり前だが驚愕すべき事実について考察しつつ、次のように結論づける。「私」とは私が「私」と指し示すところのものである、[6]と。「私」はそれ以上の何ものでもなく、内実をもつものではない。もし内実があるとしたら、誰でもが自分のことを「私」と呼べるわけがない。空虚であるからこそ、普遍的な一人称が成立しうるのである。しかも、私が「私」というときは、誰かに向かって発話するとき、語りかけるときのみである。すなわち、「私」は「あなた」との関係性の中でのみ成立するものである。自我は絶対的・自立的なものではなく、「あなた」という他方の極を必要とするのである。

このように「私」とは、「あなた」への呼びかけにおいてのみ成立する空虚な象徴であるが、デカルトにおいては声高に、あらゆる認識の第一の根拠として措定された。これは、いみじくもデカルトの方法的懐疑が、自己への語りかけによってなされたものであるからである。私が「私」に向かって、すなわち私が私の中の「あなた」に向かって語りかけるからである。あるいは私の中の「あなた」から私が語りかけられることで、私を反省化していくのである。この循環の営みに支えられてこそ、「私」は成立する。

揺らぎつつある近代的自己

私への言語的な語りかけから、薄ぼんやりと現れる空虚な象徴としての「私」。この「私」に私が見つめられるところから、罪悪感や反省意識といった近代的なこころの営みは生まれた。また、現在の心理療法にも受け継がれている内面性への志向、自己探求や自己分析という精神的態度も生まれてきたといえる。

同時に、私の行為や感情を俯瞰する「私」は、別々の時間や空間での私を「今ここ」での私とつなぐ一筋の糸であり、私が今ここで体験しているアクチュアリティと、そこに挿入されたリアリティをつなぐ糸でもある。この一筋の糸こそが、時間や状況を一貫して存在する私のアイデンティティを保証するものなのだ。

自己がリテラシーによって構成されているなど、この書物を読んでいる識字化された人間には、にわかには信じがたいことかもしれない。しかし、自分が幼稚な語彙しか持たず、読み書きも十分にできないような言語の世界に投げ込まれたとしたら、いとも簡単に自己が崩れ去っていくのを感じることであろう。英文学者であり作家でもあった冥王まさ子は、次のように述べている。「(慣れない言語の中では)自分がなじんでいる沈黙の言語で築き、鍛えたはずのあの内面と呼ばれる体系は雲散霧消してしまうのだった。それは新しい言語で無から築きあげ直さねばならないものだった。一つの言語から他の言語へととび移りそこねて失語症の苦痛を味わったことのある人間は、おそらく内面などというものは実在しないことを知っているはずだった。それは言葉が組み上げる比喩のやぐらにすぎないのだった。語彙が少なければそれだけ自己は単純で、幼児のように頼りなく、また暴力的だった」[7]。

英文学者であり歴史学者でもあるB・サンダースが描きだしたのは、自分自身を語る言葉と固有の内面を失い、代わりに銃を携える「ギャング」と呼ばれる若者たちの姿であった[8]。彼らは、幼少期に養育者をはじめとする他者との相互交流において十分な語りかけもなされず、その後も学校の中でリテラシーの獲得にも失敗し「自分自身に語りかけること」ができず、自分たちが何者であるかを綴り語ることができない。彼らは代わりに、文字化される以前の口承文化の時代がそうであったように、部族集団や英雄への同一化によって自己を規定しようとする。自分で自分を名づけず、仲間集団からあだ名をつけられ、それが彼らの呼び名となる。仲間集団のサインやシンボル、ドラッグによる集団的陶酔、集団に入るためのイニシエーション、そして映画のスクリーンの中のギャングに同一化し銃をもつ。その銃こそがひとつのシンボルとして、彼らの自己感や世界との関係を擬似的に保証する。さらに、自己を見つめる「私」が希薄で反省意識や未来感覚に乏しいゆえ、銃の引き金を引くことに罪悪感や恐れをもたないというのである。

サンダースはさらに指摘する。このような「自己」の崩壊は、ギャングに限ったことではなく、テレビをはじめとする電子メディアの急速な普及によって、私たちを襲っている深刻な危機でもあると。テレビは、直接に他者から見つめられ語りかけられる機会を奪い、私たちが何をしていようとおかまいなしに、一方的に映像と音声の刺激を与えてくる。今生きている世界に別のリアリティを挿入するという点では、書物もテレビも同じかもしれない。しかし、テレビが書物と決定的に異なるのは、そうした疑似リアリティの構成に私たちの想像力をほとんど必要としないということである。平均三・五秒で内容をめまぐるしく変えながら、私たちを映像と音声の一方的な刺激の受容者として画面の前に縛りつけ、自己のこころに生じつつあることをリフレクションする猶予を与えない。そこでは、近代以降、「私」が私に語りかけ綴ってきた「自己」が成立する隙間はない。私たちは、商業主義的なテレビやビデオ、コンピューターゲームなどが提供するイメージやヒーローの物語に「自己」を擬似的になぞらえるしかないのである。

サンダースが同書で展開している論には極端な点があるにしても、ひとつの現実を鋭く描き出していることを認めざるをえない。リテラシーを獲得し自己を俯瞰することで構成されていた近代的な自己のあり方が、電子メディアに囲まれる現代において変容しつつあることを、見ないままでおくわけにはいかないであろう。

空間の変容と「私」の変容

ここでさらに、近代における「私」の誕生が、個人空間の成立と密接に結びついていることを考えるならば、「自己」のあり方のもうひとつの大きな変化が、現在生じつつあると言える。他の誰でもない唯一無二の「私」という意識が成立したのは、公共空間から離れ個室空間の中で、読書や日記を書くことを通じて自己と対話し省察することを通してであった。しかし近年爆発的に普及した携帯電話とインターネット、なかでもSNSは、私たちの生きる空間のあり方を、根本から変えてしまった。SNSにつながることで、私たちのプライベートな空間の最内奥は、他者のいる空間となってしまう。さらにスマートフォンのようなモバイル端末の普及は、もはや空間の規定性を超え、私たちがどこへ行こうとも、私たちを直接に他人とつなげてしまう。個室空間の中で私たちは、自己を省察する代わりに、インターネット上のチャットで人とつながり、携帯電話で会話をしたりメールを交換したりする。あるいは、ほんの隙間の時間にもスマートフォンを取り出し、SNSの投稿やメール受信がないかを確認する。これに加えてビデオ通話の急速な日常化が、私たちの他者との関係を、そしてその中で彫琢されていく精神のあり方を変えつつある。公共性から離れて個人に立ち返ることで「私」を実感するのではなく、他者とつながっていてこそ「私」が実感できる、他者とつながっていないと「私」がなくなってしまう感じさえするという心性の変化もある。「私」という意識は、どのように変容しどこに向かうのであろうか。

自分とは何者であるのか、どこから来てどこへ行くのか。近代以前に、超越性の領域と絶対的な外部性が実感されていたとき、私が何者であるのかは、神が語ってくれるものであり、共同体の語り継ぐ「その始源は誰も知らない物語」が語ってくれるものであった。近代ではこの問いかけへの答えを、神や超越性の領域から世俗性の平面に回収し、他の誰とも異なる私秘的な「私」の内面をリテラシーによって作り上げた。そして今、私自身が言葉によって私を語るというからくりが崩れ去り、もはや超越的な物語も力を失い、メディアの提供する物語に自己を擬似的になぞらえることで自己を構成するのでもないとすると、私が「私」であることの根拠は、どこに求められるのであろうか。この問いかけに取り組むことは、私たちの日常性のアクチュアリティを見つめつつ、これからの心理療法が避けようもなくかかわっていかなければならないテーマのひとつである。

（1） Baudelaire, Ch.: N'importe où hors du monde, *Le spleen de Paris*, 1869.（拙訳）

（2） Bollnow, O. F.: *Mensch und Raum*, W. Kohlhammer, 1963.（大塚恵一、池川健司、中村浩平訳『人間と空

間』五九頁、せりか書房、一九七八年）

（3）赤坂憲雄『異人の現象学』ちくま学芸文庫、二五〇―二五一頁、一九九二年

（4）Tuan, Yi-Fu: *Segmented Worlds and Self*, University of Minesota Press, 1982.（阿部一訳『個人空間の誕生』せりか書房、一一八頁、一九九三年）

（5）バンヴェェニストと表記されることが多いが、バンヴェニストのほうが実際の発音に近いので、このように表記している。

（6）Benvensit, E.: *Problèmes de linguistique générale*, Gallimard, pp.252, 260, 1966.

（7）冥王まさ子『ある女のグリンプス』講談社文芸文庫、三六頁、一九九九年

（8）Sanders, B.: *A is for Ox: Violence, Electronic Media, and the Silencing of the Written Word*, Random House, 1994.（杉本卓訳『本が死ぬところ暴力が生まれる―電子メディア時代における人間性の崩壊』新曜社、一九九八年）

第4章
電子メディア社会の日常性

私秘的空間の中の暗い公共性

かつて公衆トイレは、落書きに満ちていた。性に対する抑えがたい情念、他者に対する露骨な憎悪など、一九世紀の近代社会が私秘性の中に閉じ込めた「無意識」が、そのまま噴出したかのような、ある種の歪みに満ちた前近代の世界があった。昼間の明るさや、衛生的で機能的な日常生活のその片隅に、暗く奈落へ引きずり込まれるような、しかし大人は誰もがそれを抱えているのであろうと直感させるような、異臭を感じさせる世界があった。

それは、ヘッセが『デミアン』の冒頭で言及している第二の世界にも似ている。子どもの頃の

「私」の家庭を中心とする明るく清らかな世界のすぐ隣に垣間見えていた、日常とは異なった臭いのする暗い世界である。そこでは、「お化けの話や人聞きの悪い噂があり、そそのかすような恐ろしいこと、なぞめいたことに満ち、屠殺場や監獄、酔っぱらいと口ぎたなくののしる女、お産する雌牛、倒れた馬、女房をぶつ酔っぱらい」[1]などが存在する異質な世界である。

公衆トイレは歪んだ囁きに満ちているばかりでなく、しばしば怪談の舞台ともなるように、私たちの日常生活のすぐ隣に、第二の世界がたしかに存在していることを感じさせる場所であった。人はそこに独りで身をゆだねる。近代社会が排泄を私秘化することで作り上げた閉ざされた空間で、人は逆説的に別次元の暗い公共性の中に投げ込まれることとなるのである。近代的な道徳観念のもとではけっして口にできないようなこと、深酒の助けでも借りないかぎり言えないようなことを、密やかな楽しみと微かな罪悪感とでもって落書きに告白し、他人のそれを淫靡に覗き見るのである。

しかし現在、公衆トイレは、すっかり昼間の明るい世界に回収されてしまった。息が詰まるほどに暗い情念が積層した落書きにお目にかかることは、もうほとんどない。もちろん、こころない差別的な落書きがしばしば問題となるように、けっしてなくなってしまったわけではないが、それでも落書きはずいぶん減ってしまった。トイレ自体が、以前よりもずっと綺麗で機能的で衛生的なものになってきたからという理由もあろう。しかし、もっとも大きな要因は、私たちが私秘性の告白と交流を、別の場所に求めるようになったからであろう。それは、インターネット上にである。

インターネットが日本でも普及してきて、いわゆる「掲示版」への書き込みが盛んだった頃、あるニュースキャスターはそれを「便所の落書き」に喩えた。たしかに、ネット上の掲示板には、かつて公衆トイレが果たしていた役割が移行したかと思えるものも多かった。近代社会が隠蔽し「無意識」の中に閉じ込めた囁きと告白が、その表現の場所を得て、人々のあいだで交わされているのである。それを書き込む姿を想像するならば、さらに公衆トイレの落書きに近い。人々は、私秘的な個室空間の最内奥において別次元の公共空間とつながり、けっして昼間の明るみのもとでは公然とは言えないような想念や情念を、匿名性のもとで書き込み、やはり匿名性のもとで書き込まれた他者の呟きを覗き見ているのである。

電子メディアによる空間の再配置化

私がここで展開したいのは、インターネット批判などではない。私たちが物理的に生きているアクチュアルな空間の隅々に、こうした電子メディアによって構成される新たな空間が重なり合い浸透し、私たちが生きる空間の再配置化が生じている現象について考えることである。そして、この空間性の変容にともない、私たちの生きる日常のリアリティが変化し、人間の心性も抗いがたく変化しつつあるという事実に目を向けることである。

一九世紀近代社会がみずからを成立させる過程で空間から排除し、個人の無意識の領域に預けてしまった、あの「暗い何か」は、ふたたびインターネットを介して私たちの日常生活の空間に流れ込んできている。性、穢、狂気、病、死は、もはや個人が私秘的に抱える内面の問題ではない。電子ネットワーク上を歩けば、私たちが望む望まないにかかわらず、それらに突然出くわしてしまう。私たちが求めれば、それらにいとも簡単に出会えてしまう。しかも、インターネット上にはそれらを求めて集まってくる人々が、ある種の公共空間を作り上げているのである。電子空間の浸透した日常の中では、「暗い何か」は、私たちの内面性の問題ではなく、「外側」で出会い、社会的に生きるうえで対面し取り組まなければならないものとなりつつあるのである。

インターネットの登場によって、私たちの日常のリアリティが大きく変わってしまったことに、私たちは戸惑っている。そして、私たち自身が戸惑っている事象は、子どもに託して問題化されて語られるのがつねである。たとえば、「最近の子どもは現実と疑似現実との区別がつかなくなっている」という論は、絶えることがない。さらに、それに対する議論は保守的な方向に向かうのがつねである。「疑似現実上の有害な情報から、子どもをどう守るか」と。そして、悪いのはインターネットやスマホをはじめとする電子メディアであって、それらの疑似現実を排除するか制限するかして、これまでどおりの安全な近代的社会を守るべきだという議論がなされる。

もちろん、近代という時代を通して私たちが次第に確立させてきた、「子ども」の権利や保護というものは守り通さねばならない。しかし、「疑似現実上の有害な情報から、子どもをどう守るか」という議論には、次のような決定的な陥穽がある。

まず、電子空間上の暗い何かを、「疑似現実」の世界の出来事だとして排除しようとしているということである。あの暗い何かは、たしかに電子空間上に展開されているが、私たちのリアリティにかかわることである。電子空間さえなければ消え去ってしまうような類のものではない。かつて近代社会がそれらを公共空間から排除したことで、私たちはそれらを無意識として内面に抱え込まなければならなくなったように、それらを電子空間上に閉じ込め排除したとしても、私たちは依然として私たちの内面に、それらを抱え続けることになるであろう。

しかも、電子空間はもはや「疑似現実」というレッテルを貼ることで日常の向こう側に置いておけるようなものではない。電子空間は、私たちが生きる日常のリアリティそのものを構成しているのであり、それを私たちの日常空間の外として排除し続けることは、もはや不可能である。問題は、「安全な」空間に対する疑似現実の侵食をくい止めることではない。すでにそのような浸透が生じ、空間の再配置化が生じているという現実の中で、私たちの生き方を考え新たな世界像を生み出していかねばならないのである。

心理療法の前提の揺らぎ

電子空間が浸透することで空間の再配置化が進展しつつあるという事実は、実は「無意識」を探究していく深層心理学・精神分析的な心理療法にも、大きな課題を投げかけざるをえない。

これらの心理療法は、日常性から排除された暗い何かを、「無意識」として人間の内面のテーマとして引き受け、見つめていくものであった。しかし、「無意識」がもはや私たちの内面のテーマではなく、社会的に出会う「外的な」テーマとなっているのであれば、心理療法が取り組むべき課題とは、いったいどんなものになるのであろう。

空間の再配置化はさらに、心理療法の方法論にも課題を投げかける。心理療法は、時間と空間のリミットセッティングによって日常から区切られた特殊な時空の中で、「無意識」を徐々に解放しつつ探索していくものであった。しかし今や、あの暗いものがどこにでもあるものとなっているとしたら、このリミットセッティングの意義は揺らいでしまう。無意識はもはや、「護られた安全な空間」である心理療法の場でこそ解かれ自己のテーマとして引き受けることが許されるのではなく、それ以外の空間でも放たれ続けているのである。無意識を安全に開くための護りということだけでは、もはや心理療法の「枠」の意義は成り立たない。

さらに心理療法の枠は、次のような意味でも揺らぎはじめていると言わざるをえない。心理療法は、日常生活の利害とは関係ない人との関係を治療契約によって結び、日常の中に別種のリアリティを構築するものであった。その中でこそ、日常のアクチュアルな関係とは異なった自分を生き直すことを可能にするものであった。しかしながら、日常生活とは直接に関係のない人との関係は、SNSや掲示板など、今やインターネット上のいたるところにある。場合によっては、そうした世界では、アクチュアルな自分とはまったく異なった「自分」を生きることもできる。自分の年齢やジェンダーを、自分の心的現実にとってよりリアルであるように構築することもできる。日常の人間関係とは異なった人に会いに行き、アクチュアリティに縛られた自分とは異なったリアルな自分を生きることのできるという意味づけだけでは、心理療法の場の意義は成り立たなくなっているのである。

電子メディア空間の浸透によって、これまでの心理療法の根本的な前提や方法論が揺らいでいるということは、けっして心理療法の終焉を意味するものではない。むしろそれは、私たち心理療法家に、心理療法の本質について再考することを要請するものである。

心理療法における人間関係を、インターネット上での人間関係と同列だと思う心理療法家はまずいないであろう。しかし、どこが本質的に異なるのかを明確に語ることができる者もどれほどいるであろうか。私たち心理療法家には、心理療法が何であるかをもう一度、自覚的に語り直すことが要請されている。あるいはさらに、人々の生きる日常が変容し、人々の心性が変化し、人間が生きるうえでの課題が変容しているのであれば、それに対応して心理療法自体が新たに構築され直すという作業が必要かもしれない。

この課題は、すぐに答えが出るような類のものではない。しかし、拙いながらもそれに応えようと試みないわけにもいかないであろう。

携帯電話と自己の変容

心理療法に対して変革を迫っている電子メディアのひとつとして、携帯電話について考察してみたい。今やこのメディアは、一昔前には予想もできなかったような爆発的なスピードで、世界中で普及した。現在ではあまりにも日常生活に密着しているがゆえに、それが私たちの生活をどのように変えたのか、そして私たちのこころのありようにどのような影響を与えているのか、改めて考えてみることもないほどである。

　ここではあえて、過去に遡って電話というメディアの変容について辿りなおしてみたい[2]。かつて電話が家庭に普及し始めたころ、日本ではそれは玄関か廊下に置かれることが多かった[3]。外からの「声の訪問者」として、それにふさわしい物理的な位置に置かれていたのである。やがてそれは家の内部へと入り、居間に置かれるようになったが、電話をしているときには、家族が聞き耳を立ててはいないかと心配しなければならなかった。そして親子電話やコードレス電話が普及し、電話が各人の個室に置かれると、会話に気兼ねをすることはなくなったが、かけた電話に本人が出るとは限らず、その家族なり同居者が受けて本人につなぐこともあるという社会性のフィルターは、依然として存在していた。

　ところが、いつでもどこにでも持ち歩くことのできる携帯電話の出現によって、それは劇的に変わった。電話は個人空間の中どころか、「私」そのものについてまわるようになったのである。私は電話をかけるときにも取るときにも、相手本人以外のことを気にする必要はなくなった。そして大切な用件の連絡を待っているときにも、特定の場所に縛りつけられることなく、自由に出歩けるようになったのである。

このことは、近代的な私秘的空間と公共空間の二項対立を無効にした。個人は携帯電話によって、いつでも公共的空間につながれているともいえれば、私自身という私秘的空間の最内奥に公共空間が出現してしまったともいえるのである。そして今や、スマートフォンの使用が日常化し、携帯電話機能ばかりでなく、インターネットを介したSNSも、「いつでもどこでも」アクセスが可能となったことから、公共空間と私秘的空間との差異は、ますます曖昧になった。私秘的空間の最たるものであるトイレの個室で用を足しながら、SNSで公共空間にアクセスし発信するということも、珍しいことではないであろう。このような空間性の変容は、当然ながら私たちの「自己」の構成のされ方に、大きな影響を与えないわけにはいかない。

唯一無二の「私」という自己概念は、公共空間から離れたプライベートな個人空間の中での反省意識が徐々に作り上げてきたものであることを、前章で述べた。しかし、携帯電話やSNSは、個人空間をたちまちに公共空間に変えることにより、こうした反省意識を成立させにくくする。自分の部屋で独りいるときにも、突然にかかってくる電話や、ひっきりなしにやってくるメッセージに応答せざるをえなくなっているという状況が出現している。いや、それはもはや応答

（response）ではなく反応（reaction）である。応答（response）という言葉に含まれる、私としての責任性（responsibility）や主体性を介在させる余地さえない。私は、他の誰とも異なる唯一無二の「私」として存在しているのではなく、通信網の反応ネットワークの中に埋め込まれ、断片的なメッセージのやりとりの結び目でしかなくなっているようでもある。

実際、このようなネットワークの中で責任性をもって私として「応答」していこうとすれば、それは大変な苦労をともなわざるをえない。私が部屋でくつろごうとしたまさにそのときに、遠くにいる友人から、放ってはおけないような内容の相談が飛びこんでくる。あるいは、自殺をほのめかすような書き込みがある。自分が今ここに身体を携えている私のアクチュアリティに、別のリアリティが飛び込んでくるのである。私は、そのリアリティを無視することもできず、かといって友人のもとに駆けつけることもできない。友人に責任をもって応答したいのに、スマートフォンを通したやりとりでは無力さを感じるしかない。

日常生活の中でこのような事柄に巻き込まれているということを心理療法の場で語るクライエントも少なくない。さらには、SNSをはじめとするインターネットを介して構成されるコミュニティでの人間関係の難しさを体験することも、日常的なことである。社会の中でどのような人間関係を構築し、その関係の中でどのような自分を構築するかというテーマは、心理療法的な探究において、とても重要である。しかし、自分の世界の境界が果てしなく広がってしまった今、どこまでを自分が責任性をもって生きる世界として定め、自分と世界との関係を構築していくかは、以前よりずっと難しくなってしまっているのである。

つながることによる他者と私への不信

いつでもどこでもつながることができるということで、携帯電話の機能は私と他者との究極のつながりを可能にするものである。しかしまさにそれがゆえ、皮肉なことに私と他者とは埋めようのない溝に、そして孤独に直面することとなる。携帯電話を持つようになったからこそ相手が信用できなくなる、ということも生じる。

たとえば、夜遅くなっても恋人に電話が通じなかったとしよう。まだ電話が部屋に備えつけられていたとき、「きょうはまだ帰っていないようだが、おそらく何か用事があるのだろう」と多くの人は想像して待つことができていたはずである。しかし、携帯電話を持っている相手に連絡がつかないとなると、その不安は比べものにならないくらいに大きくなる。いつでもどこにいても連絡がとれるはずであるのなら、連絡がとれないときの不安や相手に対する不信感は、ますます増してくるのである。そして、ようやく連絡がとれたときでさえ、ほんとうは家にいるのではなくどこか別の場所にいるのではないかと疑うことさえあるかもしれない。

このように、携帯電話は、私たちの他者に対する想像的な信頼感を成立させにくくする。これはウィニコットの対象関係論を思い出せば、よく理解のできる事態である。

子どもは、いちばん大切な養育者（それはしばしば母親である）が側にいれば安心し、母親から慰めてもらうことができる。しかし、いくら母親が子どもを慈しむのであれ、究極的には異なる存在であるがゆえ、子どもが求めても母親が不在という事態は出てきてしまう。しかし、この不在のときにこそ、子どもは母親に対する信頼を育てることができるのである。子どもは、母親が物理的に不在のときこそ、母親をイメージとして、すなわち内的な対象として、こころの中にもつようになるのである。「母親はいつか帰ってくる、そして私を慈しんでくれる」と信頼して。

子どもにそのような信頼が育まれるためには、母親と子どもは「ほどよい関係」である必要があるとウィニコットはいう。子どもが求めればいつでも必ず母親が現れるのであれば、子どもは母親をイメージとして内化する必要はない。自分を支えるための肯定的な像をもつに至ることができないのである。

これと同じく、携帯電話はいつでもどこでも連絡がとれるという性質のため、内的に肯定的なイメージとして相手の像をもつことを、かえって難しくしている。あるいは、いつでもどこでも連絡がとれるはずだと思い込むことで、他者を自己の延長だと感じる乳児的な万能感の心性に、私たちをとどめてしまっているともいえる。そのことで、私たちはますます他者に対する疎隔感や絶対的な差異、そして孤独を感じることになるのである。こうした事態は、携帯電話ばかりでなく、ＬＩＮＥをはじめとするＳＮＳでのやりとりにおいても言えることである。

他者に対する信頼感が育まれる機会を失うということは、同時に自己に対する信頼感が育まれる機会を失うということでもある。携帯電話やSNSでつねに人とつながりコミュニケーションをとっていたとしても、それに努力すればするほど、ほんとうは自分は誰からも信頼されておらず求められてもいないと感じることに、逆説的に陥ってしまう。かといって、コミュニケーションを絶つことは、反応のネットワークの中でかろうじて成立していた自己の断片を失ってしまうことになる。相手を失うということが、自己を失うということに直結してしまう。こうして、不信感と孤独にさいなまれながらも、強迫的に反応の網の目の中に、縛りつけられ続けることとなるのである。

心理療法の新たな課題

社会が変わっていくとき、こころを病める者たちはそれに敏感に反応する。というより、そのような変化の影響を敏感に感じ取り、真摯に受け止める者たちこそが、こころを病めるのかもしれない。

電子メディアにより私たちの日常が変化していくことに関しても、例外ではない。たとえば、一九七〇年代にテレビというメディアが普及していったとき、居室の中に突然に他者の映像が出現するという違和感は、統合失調症の人々の妄想に託して多く語られた。「アナウンサーが自分の秘密をしゃべって日本全国にばらまいている」「女性アナウンサーが微笑みかけてきて、実は自分の母親であることを告げる」というごとく、「ここ」と「あちら」、自己の内側と外側の混乱を示す妄想の事例が、多く報告されていた。(4)

そして現在は、人格が時間や状況で切れ切れになってしまう解離（dissociation）に注目が集まっている。解離の事例がどれほど多くなっているのか、確かな統計上のデータは寡聞にして知らないが、解離を感じさせる事例が頻繁に見られるようになったというのは、多くの心理療法家や精神科医の共通の見解であろう。

一九世紀末から二〇世紀初頭にかけて報告されていたような古典的なヒステリーの事例にお目にかかることは、今ではむしろ少ない。そして、ひところ着目がにぎやかであった境界性人格障害も、影をひそめつつある。これらの精神疾患はあくまでも、自己の一貫性を保とうとする必死の努力があるがゆえに生じてくる苦しみに由来するものである。ヒステリーは、「私 Ich」が受け入れらないがゆえに抑圧されていた「それ Es」が反乱の狼煙を上げるときに、そして境界性人格障害は、かろうじて構築していたこの世の理《ことわり》に回収されえない原初的な生／死が荒ぶる神となるときに生じるものである。

しかしながら、今や人格は断片化し、統合や一貫性への志向という言葉さえ虚しく響くようにさえ思われる。「自分に連続性が感じられない」「一貫した自分だという感じがしない」という、主観的な訴えが生じる水準をはるかにこえて、状況に応じて自分を非連続で断片的なものとしているほうが、むしろ違和感なく今の日常には適応的に生きていけるかの感もある。

「自己」が断片化するとともに、電子メディア空間の浸透によって「無意識」が日常性の空間のそこかしこに散らばっているという状況の中で、心理療法のなすべき仕事とはどのようなものであろうか。もちろんこれまでどおり、内面に向かい自己を探索していくという作業も、大切な役割として残り続けるであろう。しかし、私の器としての「私」という虚構が力を失ってしまったところで、どのように私は織りなされていくのかを探るという、途方もなく困難な仕事にも、取り組まねばならないであろう。そしてこれは、外側に散らばってしまった無意識に対してどのようにかかわり、私の生きる世界をどのように編み直していくかという、私の生きる世界を見つめ探究することに取り組まずしては、不可能なことである。

フロイトにおいて無意識は個人的な文脈をもって、ユングにおいてはある種の普遍的な文脈において、そしてラカンにおいてはランガージュとして構造化されているものであった。いずれも無意識が潜在的にもつ文脈性を信頼し、それを知ろうとすることに意義を見いだしていた。しかし、今や「無意識」は、電子空間の中に文脈をなくし散在しているかのようである。

もちろん、私たちがそれに出会い認知することで、私たちは自分自身において無意識を文脈化していく。しかしそれは、もはや、私たちにとって自分たちの内面のひたすらな探究を意味するのではない。私たちが、日常的な現実の中に、どのような文脈を構成していくのかという、私たちの「外側」との関係におけるテーマとなるのである。これは、私の内面の秩序を作り上げていくことと同時に、私の生きる世界の秩序を作り上げていくという、コスモロジーの問題に直結しているといえよう。

ロマン主義的な潮流がテーマとしてきたように、公共性から離脱することで個人の真の生き方を探すのではない、私たちが生きている世界をどのようなものとして捉え、どのようなものとして引き受け生きていくのか。これは、クライエントが問いかけざるをえないテーマであると同時に、心理療法家自身も鋭く問い続けなければならない事柄であろう。日常性の中での心理療法家自身が、みずからのコスモロジーの構築ということに取り組み続けるときにこそ、私たちはほんとうの意味で、今クライエントたちが直面している問題に寄り添うことができるのである。

（1） Hesse, H. *Demian. Die Geschichte von Emil Sinclairs Jugend*, 1919.（高橋健二訳『デミアン』新潮文庫、一〇―一二頁、一九五一年）

（2） 吉見俊哉、若林幹夫、水越伸『メディアとしての電話』弘文堂、一九九二年

（3） もっともこれは、まだ電話を持っていない近所の人が、電話を借りにくるからでもあった。

（4） 宮本忠雄、関忠盛「妄想と文化」『臨床精神医学』四巻、一二五三―一二五九頁、一九七五年

第5章 囲い込まれた本来性の夢と虚構

内面へと誘う心理療法

すでに本書では、私たちの内面や探求すべき無意識といったものは、はじめから自明に存在しているものではなく、私たちの日常生活の歴史的な変遷とともに作られてきたのだということを、述べてきた。大航海時代以降の世界像の変容にともなうコスモロジーの刷新に加え、私たちの精神生活が「活字化」されることから、私たちの内面性や「私」という意識が培われたのである。さらに近代都市の成立によって、死や穢れや性が日常生活から閉め出され、アクチュアルに出会うものではなく、内面のリアリティの次元へ移行したことで、無意識が内面的なものとして概念化されたのである。こうした変化は、私たちの日常が変容していく中で、時間をかけて、しかし劇的に生じてきたのものである。

「私」という意識と内面性、そして無意識という概念を手に入れることで、私たちは私たちを対象化し省察したり、探究して分析したりする態度が醸成されてきた。こうした省察への態度というものは、もちろん歴史的にはそれよりずっと以前からあったものではあるが、哲学者や思想家に特権的なものではなく、私たちの日常の中にある心性となったのである。

こうして誕生した内面や無意識といった「こころ」が、私たちの行動や思考を説明する際の拠り所とされるようになった。そして現在、私たちの個人的・社会的なさまざまな問題の原因は、こころの内に探られ、その解決法もこころを対象とした介入の中に求められている。

たとえば、ある子どもが突然学校へ行かなくなったという現象を考えてみよう。これに対して、「何かこころに原因があるのではないか」と考えることが、今や一般的であろう。そして、子どもの「こころの声」を聴いて、こころに働きかけることが目指されるであろう。

ほかにも次のような例を考えてみよう。子どもがセラピーの中で攻撃的な行動を繰り返したとすると、それは「子どものもつ攻撃性が現れた」とか「この子どもには攻撃性がある」と記述されるであろう。すなわち、子どもの行動の原因は、その行動が生じた状況や文脈に求められるよりも、子どもの内面に措定されるのである。

このように内面へ事象を還元することを前提とするゆえ、心理療法の場での応答や介入といった技法はクライエントを自己の内面へと誘うコミュニケーションパターンが基本となっている。たとえばクライエントが「私は子どもをぶってしまった」と言ったとしよう。これに対して心理療法家は、「どんなふうにたたきましたか」とか「それでどうなりましたか」などと、話の展開を先にもっていくような応答はしない。そうではなく「ああ、ぶってしまったのですね」というリフレインをしたり、あるいは「どんな感じがしましたか」などと応答したりすることにより、クライエントを自己の姿に立ち返らせ自己省察へ導いていくようにするのである。

個人の内面性へと事象を還元する志向は、心理療法の面接の構造にも現れている。心理療法家とクライエントとの出会いは、学派により差異はあるにしても、決められた日時に時間を制限して出会われる特別な人間関係である。クライエントの日常生活にまでセラピストがかかわることは、まずない。また、臨床心理行為の倫理として、セラピストはクライエントと治療関係以外の人間関係・役割関係を結んではならない。すなわち心理療法的関係とは、日常生活のさまざまな事柄との利害関係を断ち切って、純粋にクラインエントが自己に立ち返り向かい合えるよう、時間と空間のリミットセッティングにより、特別な場を設定することを基本としている。

こころの思想の系譜を辿る

個体の内部に問題の原因と解決法を求め、日常性から囲い込まれた時空で自己に向かい合うという構造をもつ心理療法は、教条化すれば、クライエントにとって否定しがたい重みがあるはずの日常を無視するものとなり、社会的な問題を個人の内部の問題にすり替え、新たな社会的抑圧を作り出す悪しき心理主義に陥ってしまうこともある。そのことが批判の対象とされることも多い。心理療法家の中にも、心理療法を日常から囲い込まれた時空でおこなうのではなく、クライエントの日常生活にまでかかわることが、対象者のほんとうのニーズに応える支援だとする立場もある。

心理主義への批判と新たな方法論の模索は、心理療法が誕生し基本的な方法論が生み出された二〇世紀初頭とは私たちの日常性が大きく変貌してしまった今、新たな心理療法のあり方を求め、心理療法と日常性との関係性を問い直そうとする試みのひとつなのかもしれない。しかしながら、こうした批判や新たな方法論の模索を、現在の心理療法の単なる否定としておこない、心理療法のもつ基本的構造を単純に捨て去るのでは、それは問題の本質を見極めておらず、根本的解決には遠くなってしまう。

これから論じるように、内面化や囲い込みという志向は、精神分析や心理療法に限ったものではなく、歴史的にも構造的にももっと根深いものである。広範囲かつ長期にわたる人間観や思想潮流、すなわち近代という時代そのものにおいて支配的であった人間観、そして、人間が進歩し発達していこうとする志向そのものの中に深く根ざしている事態である。このことを見据えたうえで心理療法のもつ構造を分析し、新たな心理療法の方向性を模索するのでなければ、現在の心理療法に課せられている新たな課題を解決することはできないであろう。というのも、現在の私たちの日常性に生じつつある変貌、そして心理療法が取り組まなければならない課題とは、近代という時代そのものの終焉と新たな時代性の到来の中での、人間の生き方の模索であるからである。

以上のような理由のもと、現代における心理療法のあり方を探求するための前提作業のひとつとして、内面化と囲い込みの志向の根を、近代思想の流れの中に辿ってみたい。

精神分析的心理療法の系譜

そこへ至る思想の系譜を遡っていくと、まず出会うのはロマン主義である。ロマン主義は、精神分析が誕生するより少し前、とりわけ一九世紀前半に、ドイツを中心として隆盛した思想史的運動である。啓蒙主義に代表される近代的な合理主義に対するアンチテーゼとして生じ、透徹した理性に回収できない「非理性」のもつ意味に重きを置き、理性に対して感情を重視し、理性の客観性・普遍性に対して個人的な主観性を重視した。

H・エレンベルガーは、力動精神医学へ至る潮流としてロマン主義の本質を次のようにまとめている。①人間中心ではなく、自然に対する深い感情を持っていること、②自然の力の彼方にその基盤・根拠（Grund）を見極めようとし、そこへ到達する手段を知性だけでなく心情（Gemut）

の中にも求めたこと、③個体に胚胎されている種子とでもいうべきものの生成・発展を信頼していること、④個人や民族を一般化・普遍化はせず、その個別性を重視したこと、⑤過去の歴史を感情移入によって現在によみがえらせようとすること、などである[1]。

こうしたロマン主義の特徴が、いずれも力動的心理療法の誕生に密接に結びついていることは、無理なく首肯されるところであろう。たとえば、①と②の特徴、すなわち人間中心ではなく「自然」を求め、その根源に感情によって到達しようとしたことは、無意識の発見と、無意識へ至るための技法に典型的に反映されている。すなわち、人間の理性では透徹回収できない人知を超えた自然的力である無意識に「私 Ich」の根拠・基盤を求め、そこへ到達する手段は、知性的な作業のみならず、非合理的な信念や言い間違いといった合理性の連鎖のほころびや夢をきっかけに接近しようとした、フロイトの発想にもつながっていることが見てとれよう。また、③と④の特徴は、個人には、自己実現へ向けて魂が展開していく「個性化の過程」があるとするユングの見解に見いだされる特徴である。

他にも精神分析や力動的心理療法とロマン主義との強い関連性は見いだせる。たとえば、ロマン主義小説に多く見られるテーマは、次のようなものである。人間本来の生き方や価値に目覚めた純粋な人間は、共同体の欺瞞に対して疑念を抱き、名誉ある孤立や不適応状態に陥る。そして日常的な交わりから離れ、自然と向き合うことで自己を回復しようとして、あるいは何らかの形而上学的な理念を求めて、旅に出る。そこでの体験や省察を通して自己成長や新たな気づきがもたらされ、真の個別的な人間として目覚めるといったものである。[2] このモチーフには、日常生活から離脱し特別な場所へ赴くことで自己に向かい合い成長するという、心理療法を支える構造そのものが見てとれるであろう。

ロマン主義が、精神分析や心理療法へ直接つながる思想潮流であることは明らかであり、この関連性はエレンベルガーをはじめ多くの論者によって、すでに指摘されてきたことである。しかし、内面化への志向と囲い込みということに視点を移すのであれば、ロマン主義が反旗を翻した啓蒙主義も、直接に力動的心理療法につながる構造をもっていることを指摘しなければなるまい。[3]

一七世紀から一八世紀にかけて、思想的にも社会運動的にもさまざまな領域で展開した啓蒙主義は、人々を普遍的な理性の光の導きにより無知蒙昧から啓発し、中世的遺制である非合理な因習や制度から解放するものであった。個人的・地域的な個別的意味よりも世界共通の普遍的な意味を重視し、人間の知の可能性を信頼し強調したのである。

この普遍的な理性への信頼こそが、内面化への志向を生み出したものである。いつでもどこでも通じる理性とは、いかなる固有の文脈にも依拠しない汎文脈的＝脱文脈的なものである。そのような理性は、どのような共同体の中でどのような状況で有効であるのかということは、そもそも問われない。個人のもつ普遍的理性とは、その個人が生きる共同体や文脈とは無関係であり、理性が宿る場所は個人の内部でしかないのである。「生まれながらに万人に平等に分け与えられている良識もしくは理性（『方法序説』）」というデカルトの言葉は端的にそれを表している。

本来性という夢

　ここで着目しなければならない、さらに重要な事柄がある。それは、普遍的理性への信仰は、内面化への志向を生み出すと同時に、本来性という概念、つまり人間の「本来的なあり方」という考えをもたらしたということである。理性が本来万人に分け与えられているという前提に立つならば、たとえ今現在、ある人が理性的でなかったとすると、それは当人のそして人間の「本来的な」あり方ではない。人間のほんとうのあり方とは理性をもった状態であって、もし現在がそうでなければ、本来あるはずの理性を発現させたり回復させたりするために、教育や治療がおこなわれなければならない、とされるようになったのである。

　ここには、現にある状態を仮象や偽りと考え、現にない状態を本来的で真なるものだと見なす大きな発想の逆転がある。別の言い方をすれば、今ここのアクチュアリティは仮のものであるとして二次的な意味が付与され、「いつか実現されるはず」の、今ここにはないあり方にこそ優位性が与えられたのである。すなわち、私たちの日常生活は、人間の本来のあり方からの疎外であり、私たちは本来的なあり方を取り戻さなければならないのだ、と。

　こうした逆転した考え方こそが、旧弊を脱し新たな理想へ向けて市民社会を生んでいく原動力となり、フランス革命やアメリカの独立をもたらしたことは言うまでもない。また、今はまだ何の知識も能力もない「子ども」の中に未来への可能性を仮定し、「無限の可能性に満ちた子ども」として、保護し教育する近代教育を生み出した。ロマン主義にも、この本来性という考え方は引き継がれた。先述したロマン主義小説のテーマにおいても、日常生活に生きる人間の姿は、本来的な自己のあり方からの疎外態として描かれていたことに見られるように。

日常性のアクチュアリティを虚構とし、本来的なあり方を夢見る志向の、二〇世紀における結実は、ハイデッガーの思想であろう。彼の思想において人間の日常性は、何よりも疎外態として描かれる。人は日常生活においては、気晴らしや自己欺瞞によって自己の存在の不安へ向かい合うことを避け、非本来的なあり方に頽落（Verfallen）し、自分らしくない単なる無名の人間（Das Man）に成り下がっている。自分の存在を反省的に捉えることのできる現存在（Dasein）としての人間は、そうした自己のあり方に気づき、自己を顧慮し、死すべき存在であることを自覚して、本来性（Eigentlichkeit）へ向けて、未来へ向けて、みずからを投企しなければならない（『存在と時間』）。

このような、啓蒙主義以来ハイデッガーまで続く本来性への夢こそが、力動的心理療法を可能にしたものである。フロイトの思想でも、日常の人間存在はまず疎外態として描かれる。日常生活において「無意識」の内容は抑圧されている。その抑圧のほころびが、さまざまな失策行為や症状を形成する。精神分析はその抑圧をとき、意識に統合するか自我の再体制化をおこなうことで、治療をおこなうのである。すなわち、人間の疎外されたあり方の超克が治癒であり、本来性

の回復であるという議論が見て取れる。(4)

ユングに至ってはこの方向性が、さらに顕著である。人間は、日常生活ではペルソナという一種の「偽自己」の仮面をつけている。それがあまりにも一面的であるとき、「こころの補償作用」によって症状形成などの疎外態に陥る。したがって、「真の自己」を取り戻すために、無意識からの呼び声に従い、自己実現の途を歩んでいかなければならない、と。

私たちが生きている日常性を疎外態とみなし、来るべき未来や来るべき「ほんとうの自分」を探し求めていこうとする考え方は、現在の心理療法にも色濃く引き継がれている。この夢に支えられてこそ、日常性から囲い込まれた空間の中、本来の自分に立ち返り、自己の変革や自己と共同体との関係の見直しをしようとする心理療法が可能になってきたのである。

本来性という虚構

こうした本来性への夢を、今も私たちは持ち続けることができるのだろうか。そのことを問うためにも、本来性という夢の負の側面について考察しておかねばなるまい。

「誰もが本来、生まれながらに理性をもっているはず」という啓蒙主義の信念が、「狂気」に対する考え方を変化させ、けっして逃れられない巧妙な新たな監禁、すなわち「内面の監禁」を生み出したことを、ミシェル・フーコーは明らかにした。(5)

フランス革命へとつながる啓蒙思想の流行の中、ビセートル病院の医師ピネルは、それまで囚人たちとともに収監され鉄鎖につながれていた精神病者たちの鎖をはずし、施療院での治療と保護の対象とした。これは、狂気を単なる逸脱ではなく「病」として位置づけ、医学的な治療をおこなうようになったという点で、しばしば科学的な精神医学の誕生として語られる出来事である。しかし同時に、これは新たな監禁の始まりであったことをフーコーは指摘する。(6) 誰もが本来、生まれながらに理性を持っているはずなのに、狂人はそれを失ってしまっている。狂人は単なる「非社会的な」存在ではなく、人間の本来性を失っている「非人間的な」存在とされてしまったのである。したがって、彼らを保護し囲い込み、治療によって「人間らしい」本来のあり方に戻してあげなければならない、と。

この考え方のもとでは、狂人はどこへ逃げようとも狂人であることからは逃れられない。なぜなら普遍的で絶対的な理性の裏返しとして、狂気も普遍的で絶対であるのだから。狂人は狂人として、内面の鎖に監禁され続けるのである。

また「本来性」という概念そのものに対して、哲学者のアドルノが厳しい批判を突きつけたことは、よく知られるところである。(7) アドルノはいう、本来性という言葉は、その指示内容の実体をもたない空疎なジャルゴン（隠語）であると。私たちがまさに生きている日常が「非本来的」であるのなら、「本来的」なこととはいったい何なのか。私たちが本来的になれたなどということは、果たしてありうるのか。完成され全体性を回復したという自己のあり方など、そもそもあるのか。こうしたアドルノの批判は、ナチズムへの徹底的な反省と自己批判にもとづいている。ナチズムはけっして二〇世紀の狂気ではない。それは、二〇世紀の理性のひとつの極端な形なのである。「健康な人間」から逸脱しているとされる、身体や精神に障がいのある人々、人間の規範的な性的志向から逸脱しているとされる人々、そしてユダヤ人が大量虐殺されていったのは、ナチズムにとっては人類をより優秀で健康なものにしていくという、人為的淘汰を目指したものであった。自然に囲まれて、タバコやアルコールを拒否し、菜食主義の生活をして、母乳で育児をするといった、人間にとって「本来的」なあり方を推奨するナチスの政策と、共通の根をもつ発想であった。実際、ナチスのもっとも熱心な支持層は、ドイツの教養市民層であり青年たちであった。個人としての、民族としての、人類としての、本来的なあり方を求めて、現在を超克し改良し向上していこうとするムーヴメントであった。そのためにこそ、精神病者や「劣等民族」の抹殺が必要であったのである。

本来性へのこのような批判的な反省は、心理療法にも同様に向けられなければならないかもしれない。今生きている私たちが、本来性を実現していないと見なすことは、未来への夢と引き換えに、私たちの生きる日常性を空疎なものにしてしまってはいないだろうか。「真の自己」を探し求めることは、「今ここ」の自己の終わりない否定に終始してしまわないだろうか。また、かけがえのない日常性の重みに向かい合うというより、それを排除し放棄することになってはいないだろうか。このような問いかけは、私たちが現在生きる現実の中で、ますます重要な意味を持ちつつある。というのも、メディアによって構成されるさまざまなリアリティにより生活世界が寸断されている現在、日常性を否定し本来性を夢見ることは、かつて人々を前進へと導いてきたその力を失ってしまっているからである。「今ここ」を否定し、別のあり方を求めることは、現在を垂直の方向に超克して理想に向かっていくことにつながらず、ややもすれば単に水平方向の別のリアリティへの移行に、いとも簡単に飲み込まれてしまうであろう。

アクチュアリティを否定しそこから離脱することではなく、今ここのアクチュアリティの重みを引き受けることを出発点として、私たちは日常性にかかわるどんな心理療法を模索することができるのだろうか。引き続き考えてみたい。

（1） Ellenberger, H. F.: *The discovery of the unconscious: the history and evolution of dynamic psychiatry*. Basic Books. 1970.（木村敏、中井久夫監訳『無意識の発見―力動精神医学発達史（上）』二三八―二三九頁、弘文堂、一九八〇年

（2） たとえば、古典主義でありながら初期のロマン主義ともいえるゲーテやシラーの小説から、ロマン主義的影響を色濃く残すヘッセの作品にまで、一貫して見られるモチーフである。ただしこのモチーフは、論者によってはドイツ教養小説に特徴的なものとして定義されることもある。

（3） もちろんエレンベルガーも、啓蒙主義によって医学、とりわけ精神医学が非宗教化されたことが力動精神医学につながるとして、啓蒙主義の影響を論じている。たとえば、「科学的説明」によって動物磁気説を打ち立てようとしていたメスメルを啓蒙主義の代表的人物としているように。しかしながらエレンベルガーは、「啓

蒙主義とロマン主義の対立と相互作用の跡は、メスメルから現代に至るまでの力動精神医学史全体を通じて辿ることができる」として、ロマン主義と啓蒙主義とを二つの葛藤しあう対立した潮流として捉えており、その共通の根に関しては述べていない（エレンベルガー、前掲訳書二三六―二三七頁を参照）。

（4）エレンベルガーはこの観点から、フロイトの思想とマルクスの思想に共通のパターンがあることを指摘している（エレンベルガー、前掲訳書二七八頁を参照）。

（5）Foucault, M.: *Histoire de la folie à l'âge classique*, Gallimard, 1972.（田村俶訳『狂気の歴史―古典主義時代における』新潮社、一九七五年）

（6）フーコー、前掲訳書五〇〇―五〇一頁

（7）Adorno, T. W.: *Jargon der Eigentlichkeit: zur deutschen Ideologie*, Suhrkamp, 1964.（笠原賢介訳『本来性という隠語―ドイツ的なイデオロギーについて』未來社、一九九二年）

Ⅱ　有限性、身体、傷つき

第6章
可能性の果てる地平から

ヨブ記を読む

旧約聖書におさめられている『ヨブ記』は、壮絶な書である。ウヅの地にヨブという名の族長がいた。彼は、慎重に悪を避け深く神を信仰し祀ってきた。彼には豊かで祝福された人生があった。しかし、それを見てサタンが神に問う、「ヨブがあなたを祀っているのは、あなたがヨブを庇護しているからではないか」と。神によりヨブを試すことを許されたサタンは、ヨブをさまざまな災難に遭わせる。侵入者により従僕たちは皆殺しにされ、落雷により羊と牧者は全滅し、らくだは略奪され、大嵐により家屋が倒壊し一〇人の子ども全員の命が奪われる。彼は、一日にして大切な家族と全財産を失ってしまったのである。彼は上衣を裂き髪を斬り、大いに悲しむが神を呪うことはしない。

しかし、災厄はさらに彼自身の生命を脅かすようになる。体中に悪瘡ができ体中をかきむしり、苦しみのあまりのたうち回る。深く信仰を守ってきたヨブには、神からこのような目に遭わされなければならない心当たりはない。妻はヨブに言う、「こんな目に遭わされるくらいなら神を呪って死んでしまったほうがましでしょう」と。しかしそれでも、ヨブは神を呪うことはしない。ヨブが苦しんでいる噂をきいて三人の友人が見舞いにくるが、あまりにも変わり果てたその姿になぐさめの言葉も出ない。ヨブは、苦しみのあまり自分の生を呪う、「こんな目に遭うくらいなら、なぜ自分は生まれてきたんだ」と。

三人の友人たちは、ヨブがこれほどの苦しみに遭っている原因を探そうとする。「君は自分でも知らないうちに神を欺いていたんだよ。なぜなら人間は不完全だから」「いや、自分にはまったく心当たりはない」と答えるヨブに友は言う。「神が正しい者を罰するわけはないだろう。君に何か落ち度があったはずだ」と。他の者も口をそろえて言う、「きっとそうだ、君に落ち度があったはずだ」と。あれこれとヨブの小さな欠点を並べ立てて罪状を探そうとする友人にヨブは言う、「黙っていてくれ。私が『なぜ』かを問いかけたいのは、すべてを知っている神に対してだけなのだ」と。

神はどこにいるのか、私をこんな目に遭わせるのは何の裁きか、と問いかけ続けるヨブの前に、嵐とともに神が顕れる。神はヨブに逆に問う、「たとえおまえにどんな知恵があろうとも、おまえは天地創造のときを知っているか、海や陸の成り立ちを知っているか」と。当然ヨブには答えられない。さらに神は問う、「天体の運行、雨や雹《ひょう》の成り立ち、動物界の不思議、おまえの知らないところで私が生じさせる自然現象、それらのことをおまえは知っているのか、知りうるのか」と。神の圧倒的な力に打ちのめされ、ヨブは思い知らされる、自分が問いかけてもけっして知りえないことがあることを、そして、自分が知りえないところも神の創造と恩寵に満たされていることを。かくして、さらに深い次元で神の愛に気づいたヨブは、健康と財産を回復し以前にも増して繁栄したという(1)。

説明し理解することの陥穽

語り継がれた物語のつねとして結末はいささか唐突なハッピーエンドにすぎるかもしれぬが、すさまじい物語である。この話は、ユダヤ＝キリスト教的な神への信仰を基礎づけるために重要な物語であるが、そうした固有の文脈から離れてみても、人間が生きることそのものについて実に示唆するところが多い。なぜ一点の曇りもない義人であるヨブが、これほどの災厄に遭わねばならないのか。自分も人もごまかすことなく生きてきたのに、なぜこんなことになってしまったのか。ヨブ記のこのテーマは、西欧の文明を通して、多くの詩人や作家にインスピレーションを与え創作をかき立ててきた。

ヨブ記は、心理療法に関しても多くのことを考えさせる。心理療法家のもとを訪れるクライエントたちは例外なく、不幸にも理不尽な災厄が降りかかった人々である。突然、何の前触れもなく子どもが学校へ行かなくなる。自分をごまかすことなく必死で生きてきたのに、重い精神症状を抱えることになってしまう。どんなに誠意をつくしても、人間関係がいつも破綻してしまう。

「こころの問題が生じているからには、きっとそれまでの人生に何らかの問題があったはずだ」と考えるのは、外部の無責任な者の冷たい意見にすぎない。こころの問題を抱えざるをえなくなった当人たちは例外なく、けっして自分をごまかすことなく精一杯やってきている。しかしながら、周囲の者たちはその不幸の理由を見つけようと必死になる。彼／彼女らを前にして、しばしばこころない言葉が吐かれる。「何かの因縁が……」という荒唐無稽な理由づけは論外としても、「子どもの育て方に問題があったのだ」とか「あなたの生き方に無理があったのだ」などという言葉が吐かれる。あるいは「今の苦しみは試練である」とか「その苦しみにはきっと意味がある」という言葉で、これを未来の方向から説明しようとする。

こうした言葉は、ときとしてひどい暴力となってしまうことがある。ヨブの友人たちがヨブに襲いかかった災いの原因を探そうと躍起になり、まさにそのことがヨブを傷つけ追い込んでいったように、何か原因や意味があるはずだと躍起になって追求していくことは、さらに人を孤独へと追い込んでいくのである。

心理学の概念や言葉も、こうした暴力性にけっして無関係とはいえないことを、かつて筆者は論じたことがある。[2]心理学は「問題」の原因を説明するための、いくつかの説明体系をもっている。たとえば、「子どもの頃、十分な愛着が形成されなかったからだ」と発達史的に考えたり、「人格の基盤に欠損があるからだ」と構造的に考えたり、あるいは目的論的に「親から心理的独立を果たそうとしているからだ」と説明したりする。このような説明は、わけもわからず苦しんでいる人々にとって、たしかにひとつの灯明となりうる。しかし、そのような原因追求にこだわることは、災厄を受けた人を二次的に傷つけてしまう。

こうした原因追求はしばしば、その根本の動機で相手のことを考えてなされるわけではなく、わからないこと、不明なことに突き当たるのを恐れるため、自己防御のためになされることも多いからである。曇りなき義人であるヨブが不条理な苦しみにのたうち回るのをみて友人たちが必死にその理由を探し求めようとしたのは、何らかの理由を見つけることで、自分に不条理に災厄が降りかかるかもしれないという不安をぬぐい去るためであった。あるいは、ヨブを前にしてまったく何もできない無力な自分たちを弁護するためであった。小さな罪の兆候でも見つけ出し、ヨブの現状を説明することによって、彼らはヨブを理解しようとしているのではない。ヨブを説明づけることで、自分の世界観の自明性や能動感を保とうとしているのである。これと同様のことが「心理学」の名のもとでなされることもある。心理学的概念を多用して、現症に結びつきそうな出来事を生育史からあげつらうのは、クライエントを理解できない不安を隠すためであることが、どれほど多いことか[3]。

いくつかのお決まりの言説で相手を記述することは、しばしば、相手の理解を助けるのではなく、理解しようという努力さえ中止させてしまうこともある。たとえば近年、「発達障害」という概念が心理学や支援、教育の現場ばかりでなく、日常的な言葉としても広がってきた。これはたしかに、ある種の生きにくさや社会生活の難しさを、生育史や親子関係、あるいは性格の問題や家庭のしつけの問題に転嫁してしまうのでもなく、また学校の教師が自分の指導力の不足や学級経営の問題だと不必要な罪悪感を抱くのでもなく、この概念を得たことで救われる教師、保護者、そして当事者は多い。そして、これまで理由もわからず苦しんでいた当事者が、自分を理解し自分の可能性を広げることに役立っている貴重な概念である。

しかしながら、この概念が多用されはじめると、次のようなことも生じてしまう。落ち着きのない子どもに関して、「なるほどあの子はアスペルガーだからあんな感じなのか」と、その子どもも自身を見るのではなく、類型として捉えてしまったり、「あの子はＡＤＨＤだからどのようにかかわればいいのか」と問題が一般化され、すり替えられたりする。そこからは、その個別的な子どもに、個別的な教師が向かい合うということが排除され、かかわりが処置の問題とされてしまうのである。これは、「なるほどあの人の血液型は○○型だからああなのか」と納得したり、「○○型への対処法は」ということに従って他者に接したりするのと、何ら変わりはない。

能動性という幻想

私たちにとって、当たり前であった日常、明日も今日と同じように続くはずであった日常が、突然にその連続性を失ってしまうことがある。どんなに誠実に生きてきたとしても、どんなに備えをしてきたとしても、突然にそこに大きな穴が穿たれる。昨日までは、他の人の不幸であったことが、今日は自分自身に降りかかる。自然災害、事故、病といった事象は、いつも私たちの平穏な日常のすぐ側にある。いや、日常の本質とは、そうした日常の破綻ということをそもそも含んでいるのだとも言えよう。

事故や災害、病が生じてから、遡及的にその原因の追求が始まる。しかるべきリスク管理をしていないがゆえの出来事はたしかに論外であるが、どんなに留意していたとしても、備えをしていたとしても、災いや病を被ることも多い。そんなとき、苦しみのただ中にいる私たちは、自分の身に降りかかってきた理不尽を理解し意味づけようとして、「○○だったからこうなった」とか「○○がなかったら、こうはならなかった」と後悔する。こうした後悔は、当事者にとっては必死で意味を見いだそうとするプロセスであり貴重なものである。しかし、こうした原因の追求は、災厄に遭った当事者ではなく、それを見聞きした人からなされることが、いかに多いことか。日頃からの備えは万全であったか、当事者に落ち度はなかったか、行政に落ち度はなかったかなが追求されるのである。こうした原因の追求は、当事者たちのためになされるというよりも、自分たちにも災厄が襲いかかるかもしれないという不安からなされるのである。その災厄が防げたはずだとすることで、自分たちに理不尽にそれが襲いかかる不安から逃れようとするのである。ちょうどヨブの落ち度があげつらわれたように。こうした原因追求は、当事者をますます孤独へと陥れていく。

災害が降りかかる可能性はたしかにいつも考慮しておくべきことであり、日頃から備え、被害を最小限にするにこしたことはない。しかし、こうした言説によって隠されてしまう大切なことがある。それは、避けえないものを被ったという揺るがしがたい事実に、いったい私たちはどう向きあっていけばいいのかという、もっとも重要でもっとも困難なテーマである。

「備えは十分であったか」「何らかの落ち度はなかったのか」という問いかけを発する背後には、備えていれば何とかなったはずである、という論理がある。このような、努力をして注意を払っていればもっと異なることになっていたはずだという、能動性に焦点を当てる論理は、被災者の人々が置かれている現実とは、実は大きくかけ離れている。災害を被ったという事実の前では、そうした仮想された能動性はまったく無力である。かけがえのないものを失ってしまったとき、取り返しのつかない事態になってしまったとき、私たちは過去に戻ってその事態を変えることはできない。自分の努力や能動性ではどうにもならないものが、厳としてそこにあり、自分たちの無力さ、絶対的な受動性を痛感しているということが、何よりもまず事実としてそこにあるのである。

　ヨブは、自分がそのような苦しみに直面している理由を必死に探そうとした。なぜ自分はこんなことになってしまったのか、自分が悔い改められるなら悔い改めたいと、神に向かって問いかけた。しかし、彼がこのように「自分ができること」、すなわち自分の能動性に焦点を当てているかぎり、そこでは事態は開けなかった。そもそも彼がこのような問いかけを始めたのは、彼が絶対的な受動性と無力さに置かれたからである。無力であるということから出発しないかぎり、彼は、自分の現状を否定し続けることになるであろう。そして、顕現した神から「天地創造のときを知っているか、世界のあらゆる存在や現象を知っているのか」と問いかけられたとき、彼は自分の有限性を知る。自分が問いかけてもどうにもならないこと、自分ではどうしようもないことがこの世の中に厳としてあるという事実に打ちのめされる。ここから、ヨブの認識の転換がようやく始まった。

　しかし私たちにとって、自己の有限性から出発するということは、実は途方もなく難しいことである。能動性を信じる言説、そして無限の可能性へ向かって進んでいこうとする態度は、驚くほど深く私たちに浸透してしまっている。人間がバベルの塔を天高く可能性へ向かって築き上げていこうとした物語に象徴されるように、人間の存在そのものに深く食い込んでいる事態である。

　私たち人間の文明の進歩とは、自分たちが住む世界を安全で予測のつくものにしようとする努力であった。自然の仕組みを知ることで、自然を制御可能なものにしようとし、あるいは制御しようのない事象に関しては予測することで、災いを避けようとしてきた。そしてそれは今や先端医療に代表されるように、私たちが生まれること、死ぬことといった、存在の根源にかかわることにまで及んでいる。こうした科学技術の進歩のおかげで、たとえばかつて不治の病であったものに治療の道が見つかり多くの人命が救われている。また、災害が事前に予測されることで被害をある程度避けることができるようになったのは事実である。これまで新しい治療法が見いだされるたびに、新しい技術が出てくるたびに、たしかに私たちの能動性と可能性は広がってきた。

こうした進歩の跡を振り返って辿ってみるならば、たしかに私たちは、現時点までずっと上昇と可能性の拡大を続けてきている。この点、この先も無限の進歩が続くように思えるかもしれない。しかしながら、いつの時点であっても、どんな進歩の最先端であっても、私たちがそのときにできることは有限であるという、ごく当たり前だが動かしがたい事実がある。進歩発展の可能性があるということは、今は有限であるということである。私たちは、いついかなる未来においても有限であり続けるのである。

私たちの存在が有限であるにもかかわらず、無限性の幻想へとそれが置き換えられることは、とりわけ現代において急速な勢いで進んでいっている事態である。科学技術の進歩の幻想のもとで私たちは、災害を被ったとき、取り返しようのないことが身に生じたとき、もっと何かできたのではないか、何かができたはずだと問いかける。病を得たとき、もっとお金さえあればあの治療が受けられるのに、もっと技術が発達すれば助かるかもしれないのに、と考えてしまう。

しかしながら、こうした可能性への幻想にしがみつくことは、私たちから別の可能性を奪ってしまってはいないだろうか。限界へ向かいあうことを先延ばしにすることで、私たちが限界状況から出発してこそ動き始める超越へ向かう途、今の自己とはまったく異なる新しいあり方や世界観が開かれる可能性を閉ざしてしまってはいないだろうか。

ヨブが神からの問いかけを受け、みずからの有限性に気づいた後の展開は、たしかに唐突すぎる感もあるかもしれないが、ある困難な課題を成し遂げることで、存在の高み（深み）に至り幸せを得たという、昔話によくある結末として考えれば、さほど奇異なものでもないであろう。私たちが有限性を自覚するということは、この世の一番の秘密の開示であるといっても言い過ぎではないかもしれない。

どうしようもない事実というものから出発するときにこそ、私たちには今の自分の意味体系の平面を超え、新しい可能性が開けてくる。そして、自分の中に自分を超えていく貴重な力があることにも気づくのである。逆説的であるが、私たちが新しい生き方、新しい自分へ至ることは、可能性や力を得ることでなしとげられるのではない。徹底的に可能性と力を失ってこそ、初めて可能になることなのである。

有限性から生まれるミュトス

動かしがたい現実を前にして私たちに新しい生の地平が開き始めること、これは別の言葉で言えば、私たちの中でミュトス（神話）が息を吹きかえすことである。限界に突き当たるとき、私たちが意味づけ物語っている世界は崩壊する。因果律で予測し自明性を保っていた私たちの物語が崩壊する。その崩壊の底から、新しい神話が姿を現し新しい「私」を語り始めるのである。

このことを臨床心理学者の川戸圓(4)は、ユング派のエーリッヒ・ノイマンや柳田国男を引きながら、こう述べている。「物語」とは、ひとつの文化や「私」といったある統合体が、意味づけたり語ったりすることのできない「モノ」に出遭ったとき、その「モノ」の語りに耳を傾けるところから始まるというのである。たとえばノイマンが示すように、ギリシア神話が自覚され語られはじめたのは、北方の父権的なゲルマン文化が侵入し、旧来の母権的文化が揺らいだときであったように、あるいは日本では柳田が明らかにしたように、土着の閉じた文化に移動集団により異なる文化が持ち込まれ、異文化の衝突しあったところから、伝統という物語が生まれたように、そこには異質な語りえない「モノ」との出遭いがあるのである。したがって物語とは、ましてや神話とは、「私」が作るものではない。自分の力ではどうしようもないところで動き始める物語によって、新たな「私」が作られていくのである。そこにこそ、ほんとうの意味での心理的癒しがあると言えよう。

これを考えるならば、トラウマという概念とその治療法には、私たち心理療法家は十分に慎重でなければならないであろう。トラウマの定義は、一般に次のようになされる。これまで自分が構築してきた物語や信頼してきた日常の自明性では予想できず意味づけることもできない災禍に出遭ったとき、人はこころに傷を負いトラウマを抱えるという説明である。しかし、実はこうしたトラウマという概念が出てきたのは、私たちが世界に対する予測可能性や操作可能性を拡大させてきた結果だという、現代に特有の事情に対応している。私たちが世界を操作し制御することがままならず、たびたび理不尽な災禍に襲われていたとき、そもそもそこにはトラウマという概念は存在しえなかった。なぜなら、それが日常そのものであったからである。ところが、二〇世紀後半に、自然界を制御し、かつてなかったほどの安全な社会を一部の国々が実現したとき、災禍は非日常的なものとして意味づけられ、トラウマが注目されるに至ったのである。

トラウマという概念に潜むもっとも大きな問題点は、それがしばしば「あるべきものが失われた」欠損として捉えられてしまうことである。すなわち、本来なら保たれるべきこころの均衡や安定性が破られた状態としてみなされ、トラウマという「異物」を消し去り、かつてのこころの安定を取り戻すことが治療であるかのように考えられてしまうことである。

もちろん、こころの傷が消え、こころの安定を回復するに越したことはない。しかし、トラウマを抱えたという、クライエントが自分ではどうしようもない事実、拭い去ろうとしても拭い去れない事実を消し去り、何もなかったかのようにしようとするのは、クライエントの人間の尊厳を根底から損なうことであろう。クライエントがそれを抱えてしまったという事実の重さをないがしろにしてしまうばかりか、ミュトスが息を吹き返し新しい可能性へ開かれる機会を奪ってしまうからである。人間が、みずからを超え出ていくことができるという、人間のもっとも根本にかかわる可能性を塞いでしまうおそれがあるのである。

有限性としての臨床性

自分の有限性や限界性に徹底的に内在しつつ新しい可能性への超越をじっと待つことは、けっして容易なことではない。そして私たち心理療法家は、じっと息をこらして耐えているクライエントに対して、簡単に語りかけるべき言葉を持たない。「今をがんばれば何かが開けてくる」と励ましたい気持ちが少しでも出てきたとたん、私たちはクライエントに寄り添えなくなる。このような想念は、心理療法家の居場所をクライエントが有限性に向かい合っているという事実からはるかに離れさせ、クライエントを孤独の中に放ってしまう。どのようにクライエントに寄り添い続ければよいのか、それに関する答えはそもそも原理的にはありえない。「どのようにしたら」という処方箋をたてるのは、私たちが能動性の幻想にしがみついているからであり、彼我の隔たりを広げるだけである。心理療法家は、自分は何もできないというみずからの限界のなかに沈潜し、クライエントのなかでミュトスが息を吹きかえすことを信頼し祈りつつ、じっと待つしかないのである。

しかし、私たちは次のようなことは言えるであろう。心理療法家は、何をなすべきかではなく、いかにあるべきなのか。このときにもっとも重要となるのは、心理療法家が自分自身の有限性や局所性（ローカリティ）に徹底的に内在していくことであろう。たしかに心理療法とは、さまざまなアクチュアリティの束縛から解放され、こころにとってのリアリティを打ち立てていく作業である。そのため、心理療法家は、価値や文脈から自由な立場であることが、すなわち局所性を超えているということが、求められるかもしれない。しかし、自分の生きる局所性から自由になるということは、実はけっして実現できない幻想である。

心理療法家は、自分自身の局所性を生きている。そしてクライエントも、彼／彼女の局所性を生きている。どんなにこころの奥深くへ降りていこうとも、あるいはどんなに広く経験を積もうとも、そこには必ずその経験の固有のコンテクストとして局所性が存在する。人間にはけっして天地創造のときを語ることができないように、この世に生きるということは必ず有限性をともなっているのである。

ここにおいて心理療法における「臨床性」という言葉が、重みをもってくる。そもそも「臨床性」とは、アクチュアリティを重視し、局所性に徹底的に内在することであったはずである。個別の文脈や場所に沈潜していくことであったはずである。心理療法家が自分自身の限界性や局所性に徹底的に沈潜しないかぎり、クライエントがみずからの生を受け入れていくという困難な作業に取り組んでいくことにどうして寄り添うことができるだろうか。心理療法家が自分自身の「臨床性」を生きていくこと、それこそが日常性の心理療法の最大のテーマである。

（1）構成も複雑で、かつ訳によって大幅にニュアンスが異なってくるこの書物には、焦点の当て方によって他にもいくつも文脈の読み方がありうることを、最初に断っておきたい。

（2）大山泰宏「因果性の虚構とこころの現実」（河合隼雄総編集）『講座心理療法』第七巻（心理療法と因果的思考）一二三―一六五頁、岩波書店、二〇〇一年

（3）もちろん筆者も、心理療法における「見立て」の重要性を軽視するわけではない。専門家の義務として、私たちは見立てなければならない。しかし、それはあくまでも仮説としてつねに再検討されねばならないし、心理療法家の「弱さゆえ」に立てざるをえないのだという自覚をもつことが必要だと考える。くわしくは、前掲書および、大山泰宏「心理臨床アセスメントとしての描画法」（日本児童研究所編）『児童心理学の進歩二〇〇三年版』一九八―二一九頁、金子書房、二〇〇三年を参照されたい。

（4）川戸圓「『モノ』の語りとしての妄想と物語り」（河合隼雄総編集）『講座心理療法』第二巻（心理療法と物語）一五三―一九三頁、岩波書店、二〇〇一年

第7章 身体の沈黙

身体によって成立する私

〝私は私の身体である Je suis mon corps〟

フランスの哲学者ガブリエル・マルセルは、私と身体との関係について考察を重ねたすえ、こう結論づけた(1)。私の体こそが「私」なのだと。これはいったいどういうことなのだろうか。

「私」が私の身体として定義づけられることは、にわかには納得しがたい。その証拠に、私は私の身体とのあいだに不調和やズレをしばしば感じる。もう一息のがんばりが必要なとき、身体がいうことをきいてくれない。ここぞというときに、調子が悪くなってしまう。もっと自分の身体が魅力的であったらいいと思う。身体は私にとって、むしろ「私ならざるもの」ではないのか。私たち誰もが「もっている」この身体。しかしマルセルが言うように、その所有は、私が何らかのモノを所有しているという事態とは、根本的に異なる。家族をもっているとか友だちをもっているというときの「もつ」とも決定的に異なっている。なぜなら、当の所有の主体である私と所有の客体である私の身体とは、けっして分離することができないからである。

私がその所有の対象である身体を失うことは、私の消滅を意味する。私が存在するためには、私はまず何よりも身体として存在しなければならない。身体は仮のものだとして永遠のたましいの存在を信じる人でも、落下してくる岩石からは本能的に逃れるであろう。そして、もし私をこの世から消し去りたいなら、自分で自分の身体を損なうであろう。自殺とは、身体を消し去ることであり、身体を残したまま精神を消し去ることではない。

こうした意味で、私は身体を通常の意味で「もつ」ことはできない。私は他の所有物と違って身体を処分する権利をもっていないのである。むしろ私のほうが身体に所有されているともいえるのである。

しかも身体は、私の存在を可能にしているばかりではない。「私が私である」ということも身体によってはじめて可能になっているのである。私の身体は、私を世界や他者から物理的に分かつ。それがゆえに私は誰とも異なった固有の時間と空間を占め、私の固有の歴史を構成する。もし私たちの身体が、この空間すべてに広がっていたり、他者と簡単に混淆し融合しあうような存在であったりしたら、「私」ということにはもはや何の意味もなくなってしまうだろう。

身体は私を他の何ものからも区別し、唯一固有の私を「ここ」に閉じこめる。しかし身体は、外に開かれた窓をもたないモナドのようなものではない。身体こそが、外に通じる窓をもっているのである。私たちは身体を通してこそ、他者や世界に対して私の存在を呈示することができ、また他者に働きかけることができる。一方他者や世界は、私の身体に働きかけることで、私に働きかけることができるのである。この交流は、単に物理的な作用を及ぼすということではない。私たちは身体に根ざした五感によってはじめて世界を感じ取ることができ、身振りや態度、表情といった身体の表れを通して、他者とコミュニケーションを不断におこなっている。身体こそが、世界や他者に開かれた通路なのである。

私によって成立する身体

身体は、他の誰でもない「私がいる」ことを可能にし「私である」ことを可能にする。そして、「私が世界の中に他者とともにある」ことを可能にする。こうして私の存在の根源的にかかわる事象はすべて、身体によってもたらされている。その意味では、「私は身体である」というマルセルの言葉は、ひとつの核心をついている。

ところが、それだけでは、私と身体との関係を十分には説明しえていないのも事実である。私が身体そのものであるかぎり、私にはそもそも「身体」は存在しえなからである。この逆説的な表現は、いくぶんわかりにくいかもしれない。私が身体そのものではなくなり、私が身体を対象化して捉えないかぎり、私の身体は身体としては顕れてこないのである。

これは、次のような例を考えてみるとよい。たとえば動物もそれぞれに身体をもち、その個体固有の歴史をもつ。そして身体を通して他の仲間や世界と交流する。ここまでは、私たち人間とまったく同じである。だが動物にとって、身体は「ある」のだろうか、自分の身体は顕れているだろうか。もちろん動物に実際に尋ねることができるわけではないが、動物が自分の身体という概念をもっているとは考えにくいであろう。動物は自分を対象化して捉える自己意識をもたないからである。人間は、自分を対象化して反省的に捉えることができる。私の存在と私の身体とのあいだに裂け目が生じる。私を捉える私と、私から捉えられた私とは必ずしも一致しなくなり、両者のあいだにズレが生じる。そのときにこそ身体は、私にとって顕れる。

私が私の身体から疎外され、身体を対象化するとき、それは私にとって「こころ」の始まりでもある。身体そのものの存在とは異なった「私」が生まれ、私はこころとからだに二重化する。私のこころと私のからだは、同時に生まれるいわば双生児である。その証拠に、一方について語られるときには、かならず他方も何らかの形で言及される。

「こころ」について取り組み考えていく心理療法においても、身体のテーマは必ず出てくる。ヒステリーや心身症といった、こころと身体の関係が直接テーマとなる場合は言うまでもなく、摂食障害や解離性障害、醜形恐怖など、多くの事例が潜在的・顕在的に身体とかかわっている。

私のこころと身体が分かたれたとき、それは人間にとって苦しみの始まりでもある。旧約聖書の楽園追放の物語は、これを端的に表している。知恵の木の実を食べたエヴァとアダムは、自分の裸体が急に恥ずかしくなる。それまでは動物と同じように身体そのものの生を生きていた二人に自己意識が生じ、同時に身体も顕れた瞬間である。それは、人間が固有の内面をもつことでもあった。二人が神にはじめて嘘をついたように、生きられるがままの自分とは異なる自分を想像する力を手に入れたことであった。

それまでは、ここにないものを想像できないがゆえに充足し満ち足りていた生は、これ以降急に物足りない不足したものとなる。楽園は失われ、人は生きるために苦しみ labour（労働、お産の苦しみ）をもたねばならなくなった。[2] 私に身体が顕れた瞬間に、私たちが身体そのものであった楽園は、永遠に隠されてしまった。私たちはそれを、今は過ぎ去ってしまった子ども時代を懐かしむように、描く思い描くしかない。私たちの意識の介在しない身体について考え語ることは、言語によって言語以前の世界を語るような、根本的な矛盾をはらんだ営みである。

イメージ化された身体

それを語ろうとすれば、必ず私たちの意識が介在する、私たちの身体。この身体を私が捉えるには、必ずイメージの助けを借りなければならないことは興味深い。たとえば、私は私の背中の存在を知っている。しかし、私にとって私の背中は、一生涯、直接見ることはできない。鏡の助けを借りるにしても、それは一時的なものにすぎない。私にとってもっとも重要な意味をもつ私の顔でさえ、私は直接にそれを見ることはできない。鏡や写真で見た断片を寄せ集め、想像するしかない。私にとって背中や顔は、私が見る視覚世界にあるのではない。こうして、私から永遠に隠された身体部位を含む私の身体の全体像は、私たちのイメージの中にしかないのである。

もちろん、身体論において重要な考察を展開したメルロ＝ポンティが、身体イメージ（l' image du corps）ではなく身体図式（le schéma corporel）という概念で示そうとしたように[3]、私たちの身体は、私にとって内部から無媒介に直接的に捉えられているという性質をもつのは確かである。たとえば生後すぐの乳児でさえ、大人が舌を出す動作を模倣する[4]。乳児は、自分の顔を鏡で一度も見たことがないにもかかわらず、自分の顔に関する何らかのシェマ（図式）をもっているのである。こうした身体図式は、自分の身体像を外側から見て次第に獲得し作り上げたものではない。私たちの内側からすでに統一体として直感的に与えられた身体なのである。

しかしこうした身体は、私にとって「顕れている」客体としての身体ではなく、むしろ私にとって「生きられている身体 le corps vécu」[3]である。私たちが対象化して捉え、私たちにとって日常的に顕れる身体は、こうした身体図式を基礎とし、それによって可能とされているにしても、はるかに意識的で複雑であり、言語による分節化さえ含んでいるのである。

たとえば私たちは、指、手、腕、肩などと身体を各部分に分けて捉える。だが、私たちにとって「生きられている身体」のレベルでは、それらは本来連続体であり、区分などないはずである。しかし私たちはそこに言語的な区別を挿入し、区分して捉える。ためしに、手、腕、肩などの言語的区別を意識の中で括弧にくくり、あえて区分しないようにそれらを見つめてみるといい。たちまちそれらは、なじみのない不気味なものとして私たちに顕れてくるであろう。私たちの身体だという気さえしなくなってしまう。

このように、私が日常的に捉えている身体には、必ず言語やイメージの作用が入り込んでおり、それこそが、私にとって自明な身体というもの保証しているのである。

影を引き受ける身体——一点透視図法の虚構

私のこころの始まりと同時に顕れてきた、双子のきょうだいとしての身体。この身体に、私たちはさまざまなイメージを付与してきた。その多くは否定的なものであった。私のこころが自由に飛翔しようとするのに対して、私の身体は、私を「今ここ」に縛りつけるやっかいな存在である。永遠の生を手に入れたいのに、やがて身体は滅してしまう。自己を統制したいのに、身体は欲求と欲望に突き動かされる次元の低い存在である、と。多くの宗教において、身体は否定されるか克服されるべきものとして位置づけられた。精神こそが神に近く、自己を超え出て行く力をもっているのに対して、身体は重く粗雑で、仮のものでしかない。身体に囚われないようになるか、身体を否定するか、それを鍛錬のすえ制御してこそ、私の存在の次元は上がっていくのだと主張された。

私たちの身体の捉え方は、いわば精神の影の部分を投影したものである。このイメージは、私たち人間の営みの根本に深くしみこんでいる。私たちの文化や技術の発達は、何よりもまず身体の局所性や限界性を超えようとする欲望に突き動かされていることからもわかるように。

とりわけ近代という時代において、私たちのこころが「今ここ」を超え出ていこうと躍起になったとき、身体にはその対極のイメージが強く投影されることとなった。身体とこころは、もともと相容れない二つの異なるものである、私たちの思惟するこころは時空を超えるのに対して、身体は机やはさみなどと同じモノに属するのだ、と。そして、世界を認識するのは精神であって身体はその道具でしかないと位置づけられたのである。

私たちが世界に住まい、世界に働きかけているということから、身体は排除されてしまった。そのことを端的に表すのは、一点透視図法としての遠近法の成立である。ここでは、見る私は抽象化された一点にすぎない。空間に、ある幅をもって存在する私の身体は捨象され、私は純粋なまなざしとなる。そもそも一点透視図法においては、私の身体を描く可能性は原理的に排除されている。もし、この図法に従って私から見える私の身体を描くとしたら、これはきわめてグロテスクな様相を示すであろう。

私が身体的存在として世界に住まい、私の身体が世界と重なり合い触れ合い、私と世界の接点をなしている緊密な空間は、私の認識から消し去られ、世界は私とは切り離された存在として私の前に対置される。そして「見る私」は、この世界を超え出て俯瞰する擬似的な神の視点となるのである。

このように徹底的に身体を消し去ったにもかかわらず、実は、一点透視図法ほど身体に依拠している遠近法はない。そもそもこの方法は、身体が私をここにしばりつけるからこそ必要とされ、可能となる図法である。私たちが特定の空間に縛られず、神のように遍在することのできる存在であるならば、視点を一点に固定して記述する必要もなく、背後にあるものが手前にあるものに隠れるという現象もありえない。ユビキタスな視点からは、すべては等距離であり隠されていないはずである。このように、私たちが身体をもつという事実は、近代的な一点透視図法においてこそ徹底的に重要な意義をもっている。しかしながら身体は、その体系の根拠でありながら、その体系から殺害され排除されているのである。

電子メディアによる空間性の変容

身体の排除のうえに成り立っていた、危うい均衡としての一点透視図法。この遠近法のからくりは今、次第に崩れつつある。電子メディアの急速な広まりがそれをもたらしている。

一点透視図法的な世界観においては、対象は物理的な距離に従って配置されていた。しかし、電子メディア（とりわけ双方向の電子メディア）において、物理的な距離はもはや意味を失ってしまう。私がどこにいようとも、世界中の出来事に関する情報が飛び込んでくる。そして携帯電話や電子メール、ビデオ通話は、私と他者を物理的な距離に関係なく接続する。電子メディアを介して、すぐ隣にいる友人とコミュニケーションする場合も、遠く異国にいる友人と交信する場合も、まったく差はない。重要なのは、私のいる場所が使用する電話にとって圏内か圏外か、ネット環境がどうであるかといったことこそが距離を決定するのである。今や、数百キロ離れたコミュニケーション圏内よりも、数キロ離れた圏外のほうが、はるかに遠い世界であろう。

さらに、電子ネットワークを通して私の認識にのぼってくる世界は、一点透視図法においてそうであったのとは異なり、単に私を見るだけの抽象的な存在には置いておかない。携帯電話や電子メール、SNSなど、双方向性のコミュニケーションをおこなうメディアは、私たちに単に情報を伝えるのではなく、その情報に対するリアクションを求め、情報を知ったことに対する応答責任（responsabilité）を求めてくる。応答するにしてもしないにしても、私は選択しなければならないのである。それは、テレビのような一方向メディアが送ってくる情報とは本質的に異なる。どんなに遠いところから送られてこようと、それは私の参与とかかわりを求める、私の「生活圏内」の事柄なのである。

このように電子メディアが構成する私たちの新たな生活世界において、私たちはもはや、私たちの精神を純粋な見る存在にとどめておくこともできなければ、「今ここ」を超え出て自由になる存在として想定することもできない。電子メディアの発達は、もともとは、私たちが身体による制約性や限界性を克服するために目指してきたものである。しかし今や皮肉にも、その結果私の精神は、自由に超え出て行くことができなくなってしまった。どこへ行こうとも「今ここ」に縛りつけられる存在となってしまったのである。「この世界の外のどこか」は、今どこにあるのだろうか。

再構成されるアクチュアリティ

私が「今ここ」にしばりつけられ自由に飛翔できないことを、もはや身体のせいだとすることはできない。私たちは今や二重の意味で「今ここ」に縛りつけられている。身体によって縛りつけられている位相と、電子メディアによって縛りつけられている位相に。この二つが複雑に入り組んでいることこそが、私たちが今生きているアクチュアリティである。

現代に特徴的なこころのありようとして注目が集まっている解離も、このような生活世界の様相と無関係ではなかろう。電子メディアによって挿入された情報世界に生きるとき、私たちは身体によって生きている世界に対しては、一時的にこころを閉ざさざるをえない。また、電子メディアで提供される遠近法的な秩序を失った世界に対しては、私たちは物理的な距離を取ることはできず、こころから切り離すという形でしか、距離を作ることはできないのである。

このようなアクチュアリティの変容は、別の視点から見ても、私たちに対する世界の顕れを大きく変えていることがわかる。たとえば、電子メディアが私たちに送ってくる視覚的な映像刺激や音声刺激は、元来は私たちの身体がその場にいることでしか感覚できなかったものである。すなわちそれらの刺激は、身体が世界と関係することに密接に結びついていた。ところがいま、私たちは身体的な参与に関係なく、その刺激を受け取ることができる。このことを「仮想現実と現実との区別がつかなくなっていっている」と問題視するだけでは、私たちに何の思考も与えてくれないであろう。それこそが私たちの「現実」なのだ。

私たちにとっての現実とは、それそのもので自明なものとして顕現しているわけではない。たとえば、私たち人間の基本的能力とされる言語も、「今ここ」に異なる仮想現実を挿入する一種のメディアである。言語をもつことによって、私たちにとっての「現実」は大きく姿を変えた。安心した住居の中で、今日出会った恐ろしい猛獣について語ることができるようになった。そうした「現実」が生じたのである。これと同じように、電子メディアによる「仮想現実」が、私たちの生きる世界に入り込んでくることで、私たちの現実はその意味ばかりでなく、その姿や顕れを根本から変えていく。仮想現実と現実が混淆していくのではなく、「何が現実か」は仮想現実が加わることで、再構成されていくのである。

変わっていく身体性

私たちにとっての身体も、私たちの意識の相関物としてしか捉えられないというその性質のため、電子メディアの発達によって、意味や顕れを大きく変えざるをえない。私たちにとっての身体イメージは、大きく変化しつつある。

たとえば、ある世代以降から、自分が写真に写ることをまったく嫌がらなくなったという現象がある。それまでは、とりわけ思春期においては、自分の姿を写真に撮られることに抵抗を示す者がほとんどだった。自分をどのように他人に呈示するかに悩んだり、カメラに収められた自分の姿が自己イメージと大きくかけ離れていたりするためである。ところが、電子メディアは、私たちが自分自身の姿を見る機会を飛躍的に増大させた。ホームビデオ、デジタルカメラ、携帯電話やスマホの小型カメラ、そしていわゆるプリクラなど、私たちは自分の像を電子メディアの助けを借りて頻繁に見るようになった。今や、自分で自分にカメラを向けて撮影することなど当たり前であるが、数十年前にはあり得なかった習慣である。

自分の身体像を自分ではあまり見ることができず、大きくイメージに依存していたとき、自分の身体は自分にとって隠されたもの、しかし他者には顕わなものとして特別な位置づけにあった。エヴァとアダムが自分の身体を隠したように、羞恥とは、そこから生じるものであった。ところが今や、自分の身体の像は、イメージの余地が入り込む隙間もないほど、即自的なものとして私たちの視界の中に散らばっている。それは、私たちの視野の中にあふれている、モノや風景や他人の映像のひとつでしかないようである。「実物」よりも、電子メディアがもたらす映像や写真といったコピーが大半を占めている世界。文脈をなくし空間に散らばっている映像のひとつとして、私の身体のイメージは位置づけられるのである。そこでは、それを自分が見ようが他者が見ようが変わりはない。私からも他者からも等価に見える私なのである。

映像として、他者や他の事物とともに私の身体は浮遊する。私の身体は、空間を構成するための隠された一点ではもはやない。私にとって特別な意味をもつ私でもない。それはまさに、コラージュ的な空間に、コラージュのひとつとして位置するのである。コラージュにおいては、それぞれが異なった文脈（コンテクスト）をもつ映像の断片が散りばめられる。そこには一点透視図法的な遠近法は成立しない。ひとつひとつが違った文脈をもつ映像が寄り集まって、全体で不思議な調和を生み出す。心理療法においても、芸術療法の一技法としてコラージュの使用が広まり、実際にコラージュを好むクライエントも増えてきているが、それはこの技法が、きわめて現代的な空間のあり方を反映しているからかもしれない。

しかしながら同時にそれは、この技法には大きな課題がともなっていることも示している。遠近法を失いコピーが寄せ集まった空間に、私たちはどんな秩序を打ち立てることができるのか、どのようなコスモロジーを築き上げていくことができるのか。コラージュにおける構成は、こうした途方もない仕事とも直結するであろう。

イメージとして映像の中に断片化され散らばる身体。電子メディアが提供する断片化した文脈の中に投げ出される身体。しかし、どんなに私たちの経験が断片化しようとも、どんなに私たちの生が、解離されたリアリティによって構成されようとも、私たちの身体そのものは、けっして断片化されない。たとえこころが切れ切れになろうとも、生きられている私の身体は、その中でひとつの確実なつながりを保ちつづける。

深く沈黙している私たちの身体は、今、何を語ろうとしているのであろうか。大きく変容しつつあるアクチュアリティを生きるなかで、私たちにどんな知恵を与えてくれるであろうか。私たちが現代を生きるために、身体の知恵とでもいうべきものが、これからはますます重要になってくるように思える。身体の声に耳を澄ますことで、どのようなコスモロジーが見えてくるのか。そのことを、次章で問うてみたい。

（1） Gabriel Marcel: *Être et avoir*, Fernand Aubier, 1935.
（2） そして、身体と意識が分かたれることになったこの原罪は、キリストの身体 corps が否定されることで贖われなければならなかったのである。ここにも、一貫して身体に関するテーマが見られる。
（3） Merleau-Ponty, M.: *Phénoménologie de la perception*, Gallimard, 1945.（中島盛男訳『知覚の現象学』法政大学出版会、一九八二年）
（4） この例は、Merleau-Ponty, M.: Les relations avec autrui chez l'enfant, 1951. *Centre de documentation*

universitaire, 1958. による。

第8章
身体の叫び
――トラウマとしての身体

フランシス・ベイコンに触れて

その日私は、パリのマレ地区にあるピカソ美術館に足を運んだ。この美術館自体にはこれまでにも何度か訪れたことがある。ピカソが遺した膨大な作品をゆっくりと時間をかけて見てまわると、彼の創作の秘密に触れることができるような気がする。そして彼が死の直前まで自分を超え、新たに変化し続けたそのエネルギーに触れるたびに、私にも新しいことに取り組む意欲が生まれてくるのである。

しかし今回の私の目的は、ピカソを見ることだけではなかった。ピカソより少し後、やはり近

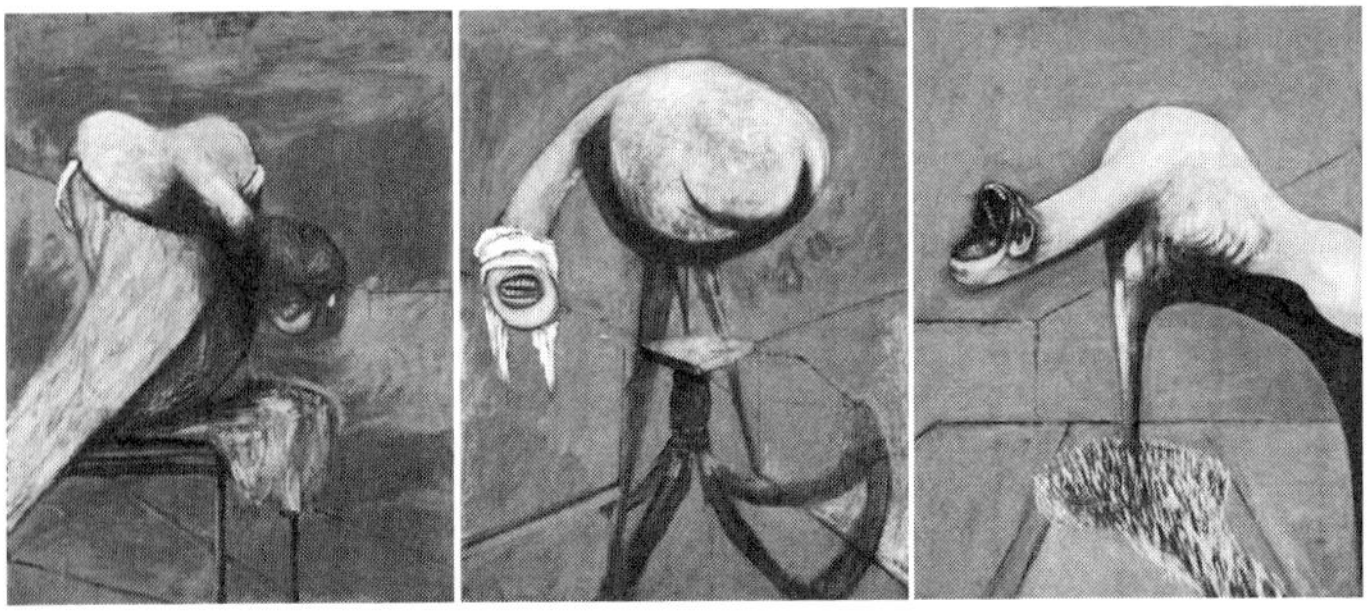

フランシス・ベイコン『キリスト磔刑図のための三つの習作』1944 年

第 2 次世界大戦の出口がみえない 1944 年、ベイコンは長い沈黙を破って再び絵筆をとった。そこに描かれた 3 人の「女神」。人々は悪夢のようだと口々に言ったが、それは当時の世界の現実そのものに他ならなかった。

代絵画に大きな足跡を残した異端の画家フランシス・ベイコンの特別展示[1]を見るためであった。第二次世界大戦終結直前の一九四五年、ロンドンで展示された『キリスト磔刑図《たくけい》のための三つの習作』で一躍画壇に躍り出たアイルランド出身のこの画家ほど、人々の嫌悪と賞賛を同時に集めた画家はいないであろう。

彼の絵の、残酷ともいえるほどデフォルメされた身体像や顔は、ときには人々に激しい不快感と嫌悪感を与える。その一方で、たとえば哲学者のジル・ドゥルーズが、この画家へのオマージュともいえる『フランシス・ベーコン：感覚の論理』[2]を著わしたことに端的に象徴されるように、芸術家や哲学者たちが最大級の賛辞を送り続けている画家でもある。

今回の展示は、ピカソとベイコン両者が共通のモチーフ（画題）を描いた作品を並べて対比し、この二人の画家の特徴を浮かび上がらせようというものであった。小雨模様で肌寒い天気のせいか美術館の中はそれほど人も多くなく、ゆっくりと絵と対話のできる時間と空間があった。ピカソの自由闊達なデフォルメに触発され筆をとり始め、終生ピカソを敬愛し続けたベイコンの作品には、実際、キリストの磔刑、闘牛、女性の群像など、ピカソの作品に着想を得たと思えるものも多い。そしてなるほど、どちらの絵でもモチーフは激しくデフォルメされ、複数の視点からの見えがひとつの形象に織り込まれている。

しかし、この二人は何と対照的なのだろうか。ピカソの作品では、描かれた身体の生命感が生きた身体として見るものの目に飛び込んでくる。命の躍動感、喜びや悲しみといった感情がまっすぐに飛び込んでくる。作品の力強さそのものが私たちの視線を作り上げ、私たちの体験を塑形していくのである。

それに対して、ベイコンの作品はどうだろう。まるで殴打され続けた果てのように歪んでむくんだ自画像、ベッドの上でのたうちまわる人物、惨殺の場面のように不自然にねじ曲がった手足。それらの形象は、祭壇画のように三幅の絵をひとつの作品として並べたトリプティックと呼ばれる手法とあいまって、合わせ鏡の果てを見つめるように、見るものの視線をどこまでもどこまでも吸い込んでいく。この運動の中で、ふだん他者や自己の身体を見るときの私たちの自明な視線は中断され、絵の中の身体は身体としての記号性と意味を失っていく。そして身体が「肉 de la viande」という存在である事実が、私たちに突きつけられるのである。そこにあるすさまじい暴力性。しかしふと、われに返ったとき、その暴力は作品に潜むのではなく、私が私であることの最内奥に存在するものであることに、気づかされる。そのとき、ベイコンの絵の肉塊は静かにその像を私たちの前に差し出してくる。それは絶対的な非暴力であり、一種のサクリファイス（生贄）さえ思わせるのである。

描くということの中の身体性

「肉への憐れみ」と、ジル・ドゥルーズはベイコンの絵を評して言った。[3] その言葉どおり、ベイコンの描く絵には、肉が繰り返し登場する。まるで磔刑のように吊り下げられた肉塊が描かれていることもある。それればかりではない。彼の描く形象には例外なく肉のイメージがつきまとう。そしてそれらは、ねじ曲げられ切断された暴力的な印象とは裏腹に、いずれも深い静けさと聖性をたたえている。これだけすさまじいのに、なぜこんなに透明なのか。これはベイコンの絵に対して多くの人が抱く驚きである。このパラドックスに接するとき、私たちは、暴力性と聖性、身体と肉、こうした事柄に関して考え始めざるをえないのである。

私が本章で試みたいのは絵画論でもないし美術批評でもない。ましてや、ここにかような彼の心理が表れているといった判じ物のような絵の解釈でもない。ベイコンの絵を前にしたとき、「私」自身の中で否応なく進行し展開していく体験と思索について語りたいのである。それがいかなる絵であれ、絵を見るとき「私」は外部者の視線を保ち続けることはできない。画布の上の形象や色彩そして筆致に、「私」の視線が導かれリズムを刻み始めるとき、「私」と絵のあいだにはひとつの世界が立ち現れてくる。「私」がその絵に住まい始めるのである。

ひとつの絵とは、描き手が画布を前にして作り上げていった世界である。そこには必然的に、描き手が日々の生活の中でどのように事象を意味づけ体系づけようとしているのか、どこに向かおうとしているのかといった、世界への住まい方やまなざしそのものが反映される。絵は描き手の存在構造そのものを、見るものに開示してくるのである。[4] それは単に、眼で見た世界ではない。「画家は世界に身体を差し出すことで、世界を絵に変えていく」[5] とメルロ＝ポンティが述べるように、描き手が身体によって世界に住まいかかわっていることが、具現化されているのである。描き手の身体が世界とどのようにかかわっているのか、どのように身体を使って絵を作り上げていったのか、そのことが形象や色彩、そして筆致に雄弁に実現されているのである。

見るものである私たちは、私たちの身体を介してそれを辿りながら、描き手が生きた世界をもう一度、私自身のものとしてそこに実現する。そのときに、私と絵のあいだにひとつの世界が新たに立ち現れてくる。セザンヌの描いたサント＝ヴィクトワール山が、そのつどそのつど力強く何度も私たちの前にそびえ立つように。[6] その体験は、誰のものでもない、私自身と絵との緊密な関係によって生まれる唯一の体験、描き手のまなざしが構成していった世界に、私の身体で向かい合う体験なのである。

見ることの中の身体

見ることの中に、私たちの身体が深くかかわっているということは、長い間忘れられていた事実である。これは視覚という感覚の特徴によるところも大きい。他の感覚、すなわち触覚や味覚、嗅覚といった感覚においては、対象との距離は存在しない。それらの感覚をもたらす対象に私の身体は直接触れ、あるいは対象を身体の内部に取り込む。聴覚でさえ、対象と距離を置いているようであれ、私と対象との一体性を前提としている。私が聴くときには、私の身体（あるいは少なくとも耳という感覚器官）は対象の響きに共鳴しなければならない。

それに対して視覚は、対象との絶対的な距離があって初めて成立する。私たちは眼の中に入れたものや、眼球に直接触れたものを見ることはできない。また、見ている対象が赤いからといって私も赤くなるわけではない。このように視覚においては、私の身体は対象と無関係であるかのような印象を与える。そして、前章で論じたように、近代において一点透視図法が成立し、見ることがレンズを通した映像のメタファで考えられるようになったとき、身体は見ることから完全に排除されてしまったのである。(7)

しかし視覚の中に、いや見るという行為の中にも、身体が深くかかわっていることへの明確な気づきは、ベルクソンに始まり、メルロ＝ポンティにおいて結実する。彼らがいくどとなく強調したことを簡約すれば、身体の対象への志向や構えの先端に視覚があるのであって、見るということは身体全体での営みなのであるということである。見るということには触覚と同じように、対象に触れ対象から触れられるという相互的な関係がある。私の身体の姿勢や構えは、対象との関係によって塑形される。私の身体と対象とは相互に規定しあい、見るという行為をそこに現出しせめる相互の織りなしがあるのである。

このことは、セザンヌの描くリンゴがなぜひとつひとつあのように、存在感をもって私たちに迫ってくるのかを考えるとよい。彼の静物画はけっして一点透視図法では描かれていない。ひとつひとつのモチーフが、それぞれにその存在の頂点を、別の言い方で言えばそれぞれに固有の遠近法をもっている。

私たちが「もの」を見るときには、実はそのように見ているはずである。ひとつひとつのモチーフを見定めようと姿勢を変え、対象の輪郭を追いかけ、視線がとまり、また隣の対象へと視線が移るという動きの中では、私が見ることとは、けっして静的な一点透視ではない。身体を排除した一点透視のほうが不自然なのである。見るということは、きわめて能動的な営みであり、対象と私の視線、身体との緊密な結びつきと相互作用がある。

こうしてひとつひとつの対象に、身体全体でかかわるという現実を描いているからこそ、セザンヌの絵は、ひとつひとつのリンゴに触れ慈しむという動きを私たちに呼び起こすのである。

二重の暴力によって寸断される身体

見るということに織りなされた身体。見るということの中で身体と世界とは不可分に緊密に結びついているがゆえに、現在の私たちの日常のリアリティの中で、私たちの身体は何らかの変容を被らざるをえない。今や私たちが日常生活の中で体験する視覚的世界の中には、メディアの提供する画像や映像が大きく食い込んでいる。雑誌を開けば、そのページは美しいカラーの写真に満ち、テレビでは精細な映像が次々と流れ、コンピュータやビデオゲームの画面上では、「本物」と見まがうようなグラフィックスが提供される。もはやそれらは、仮想現実などではない。私たちの現実とは、そのような画像や映像に囲まれているということなのだ。

こうしたメディアを通した視覚世界は、私たちが直接に見ている対象世界と、いくつかの点で大きく異なる。雑誌上の写真は、小さなはずの小物や料理が大写しになり、その横に人物や風景が小さく並ぶ。そしてそれらは、もともと無関係な別々の視点によるものが、ひとつの画面上に並置されているのである。テレビを見れば、私がじっとしていながらも、対象への距離が近くなったり遠くなったり、視点もさまざまに変化していく。そこでは見ることの中で、身体が世界と緊密に織りなしていた、あのかかわりは中断される。そして私たちは、身体をモノと化し、私たちから切り離し、コピーに満ちた見えの対象世界の中に投げ出すしかないのである。

あるいは逆に、身体が世界との関係を保ち続けようとするならば、私たちの身体は振り回され引き裂かれ、その統一性を失っていく。存在する相互に無関連な距離や視点に即応する形で、身体はバラバラにされていくのである。まるでベイコンの絵の中の身体のように。

私たちの身体と世界との関係を変質させていくのは、映像や画像のもつこうした性質のためだけではない。それらによって伝えられる内容の影響も見過ごすことはできない。毎日のように伝えられる戦争や事故の情報や映像。フランシス・ベイコンは、そのインタビューの中で「世界中で生じていることに、無関心でいることは今やとても難しくなってしまった」と述べた後、次のように続ける。

「私の絵の暴力性についてよく言われるけれど、それは私にとっては意外です。……私には自分の絵が暴力的などとは思えません。私はけっして暴力を求めているのではありません。私の絵には、そのような印象を与えるリアリズムがあるかもしれない。けれども、生きているということはとても暴力的です。私が絵においてなしうるよりもはるかに暴力的です。私たちはいつも暴力に囲まれている。そして今や、あらゆるところからやってくる無数の映像によって、暴力はいつでもどこにでもあるものとなっているのです(8)」

リビングでくつろいでいるときにも、テロや戦争や災害、そして痛ましい事故の映像が流れてくる。かつては、はるか遠くの出来事として伝聞するしかなかったことが、今リアリティとして目の前にある。私たちはそれらに無関心でいることはできない。私たちはその目撃者としてかかわらざるをえない。そのたびに私たちは、惨事の目撃者として傷つき続けるのである。

しかし、それよりもはるかに残酷な暴力に私たちは、参与せざるをえない。無数の映像によって送られてくる暴力に対して、こころと身体を固く閉ざしてしまわざるをえないという暴力である。暴力的なリアリティを殺してしまわなければならないという暴力であり悲しみである。それは、暴力に晒された私たちのこころと身体が悲鳴をあげながらも、それを殺してしまわなければならない暴力と悲しみでもある。しかしそれは生きていくためには、仕方のないことなのだ。

画家が身体で世界へかかわることからもたらされたフランシス・ベイコンの絵、そこに描かれているのは、ことさらに作られた暴力的なファンタジーなどではない。私たちの生きるリアリティなのだ。それは私たちの日常にある二重の暴力を曝き出す。私たちの身体が暴力に晒されているということを、そして私たちが暴力に晒されているという事実を隠蔽してしまっているという暴力を。ベイコンの絵を前にして私たちに沸き起こってくる感情、恐怖、嫌悪感、叫び。それらは私たちが日常性のただ中で本来感じているはずのもの、しかし殺されてしまっている事実なのだ。そして、その事実が殺されるときの生きた叫びなのである。

身体への暴力、肉への慈しみ

ベイコンの絵に描かれた、今の世界を生きる私たちの身体のリアリティ。しかし彼の絵が私たちに開いてくるものは、そこにはとどまらない。その向こう側にある絶対的な静けさや聖性といったものについても、考えざるをえないであろう。暴力の果てに寸断され引き裂かれた身体に対する「肉への憐れみ」。そして、キリストの磔刑像と重なり合うような尊厳。そうしたものについても、考えを進めざるをえない。

私たちが肉と呼ぶものは何であろうか。日本語で考えるならば、肉とは「いる」存在が「ある」存在に変えられたものである。植物などのもともと「ある」存在は、肉とはなりえない。自発的に動き「いる」と私たちが呼ぶ生き物のみ、肉となりうる。こう考えるならば、肉には、私たちが生命を直観するということと生命を否定するということの両方の契機が含まれていると言える。生命をもって動いていたが今は動かなくなってしまったもの、私たちが生命を直観するとともにそれを剝奪したものこそが、肉なのである。

つながりを感じるとともにそれを切断する行為、生命の直観とその剝奪といった暴力は、文字どおり肉を得るための屠殺や屠鳥といった行為にのみ宿るものではない。実はこの殺害は、私たち自身にも向けられているものなのである。私は自分の体を「ある」と言い「いる」とは言わない。私たちの身体はすでに「肉」となっているのである。生きられた身体を殺害し、ものとして把握し所有しているのである。

身体とは「私」にとってすでに殺害されたもの、肉としてしか表れない。殺害の事実は、ふだん私たちが身体を見るときは隠蔽されてしまっている。この隠蔽が、私たちの日常の自明性、身体への自明な意識を保証している。しかしベイコンの絵が私たちに気づかせるのは、この殺戮の事実である。彼の絵を前にして、私の身体が彼の描く肉と共鳴するとき、彼の描く肉が死んだものとしてではなく命の叫び声をあげるときに[9]、私は私の記憶の届かないところにある、根源的な身体の殺害の事実を突きつけられるのである。

私たちが自分の身体を所有するための、根源的な殺害のテーマは、心身症のクライエントの夢分析でもしばしば出てくる。治療の過程の中で、それまで身体症状としてしか表現されなかった何らかの意味が次第に象徴化され把握され始めたとき、すなわち、自分の体に気づき心身症の存在構造がほころび始めるとき、クラインエントやときにはセラピストも、血なまぐさい殺害の夢を見ることは多い。それはきわめてアルカイックな殺戮の様相を呈する。心身症が変化していくとき、精神病圏のようなすさまじい世界が展開されると言われるのも、このような、私が私となるための根源的な位相にかかわる事態を通り抜けるからであろう[10]。

身体というトラウマ

私が私となるためには、身体の殺害が必要であるというこの事実は、世界中の多くの起源神話において、自分たちの部族の誕生あるいは人間の誕生に際して、血なまぐさい殺害があったと語られることと、けっして無関係ではない。たとえば、巨人族たちがお互いを殺戮し滅びた後に人間が誕生したという北欧神話のように、あるいは、いくつかの部族・民族社会では、特定の動物が殺害され、それが自分たちの祖先としてトーテムに位置づけられているように。

ここで重要なのは、このような殺害は人間の誕生の後も、象徴的に反復されなければならないということである。部族社会においては、自分たちの起源の瞬間の物語は、災害や戦争で共同体が危機に晒されたとき、そして定期的な祭祀において、反復され繰り返される。自分たちの先祖とされる動物を生贄として屠り弔い、その肉を食することも多い。

ドゥルーズの言うように「肉」は、動物と人間の共通の領域に属するものである[11]。私たちは、人間のそれであれ動物のそれであれ、それを肉と呼ぶ。肉とは人間と動物との境界性を侵犯し、人間と動物を結びつけるものなのである。だからこそ、人間が動物から分かたれ、人間として成り立つためには、それは否定され続けなければならないのである。また逆説的だが、肉は人間の領域からはみ出すものであるからこそ、人間性の根拠ともなりうるのである。そして否定した肉を食すことによって、自分たちの根拠である先祖と象徴的につながることができるのである。

人間が人間であるために、先祖となる動物を殺害し続けなければならないように、私が私であるためには、身体の殺害を続けなければならない。これは、一種の反復強迫であるとも言える。反復強迫とは、「不気味なもの」を意味づけようとして、不気味なものの殺害を必死で繰り返そうとする営みである。しかし、不気味なものは、「私」に存在論的に先んじているがゆえに、けっしてその殺害の試みは成功しない。私は殺害を永遠に繰り返し続けるしかないのである。私たちにとっての身体も、「私」に先んじて存在している。私たちはいつも一歩遅れて、身体の殺害という反復強迫を続けるしかない。この意味では、身体とは、私にとって癒えることのないトラウマである。これは単なるメタファではない。私にとっての身体のひとつの真実である。

聖性を失ってしまったと言われる現代。しかし実は、私が私であるという存在そのものの中に、私が私に成ったという歴史の中に、そして私が身体を携えて生きているという事実の中に、私が私の根源とつながる聖性は確固として存在している。その事実は、日常の自明性の向こう側に隠蔽され、語られることはない。私たちが「臨床性」を歩まねばならなくなるような大きな深淵が訪れたとき、その深淵の向こうに見えるものである。しかし、それは私が生きているということの中に、実ははじめからあったのである。

私たちが生きている日常そのものの中にある宗教性や聖性に至ること、ここにこそ現代におけるコスモロジー再生の糸口のひとつがあるように筆者には思える。そして、それに気づくことは、何らかのきっかけで生の深淵に投げ出された人々が、ふたたび日常の中を生きていくための糸口でもある。こうした位相をまなざしつつ、寄り添っていくことにこそ、日常性の心理療法があるのである。

（1） Musée National Picasso Paris: Bacon/Picasso La vie des Images, 2005.
（2） Deleuze, G.: *Francis Bacon; Logique de la sensation*, Seul, 2002（1981）.（宇野邦一訳『フランシス・ベーコ

ン：感覚の論理学』河出書房新社、二〇一六年）

（3） 同二九頁、拙訳。この表現は、「肉への慈悲」という言葉で、シルヴェスター（Sylvester, D.）によるベイコンの対談集 ***“Interviews with Francis Bacon”*** の邦題として知られている（小林等訳『肉への慈悲—フランシス・ベイコン・インタヴュー』筑摩書房、一九九六年）。しかしこのインタビュー集の原著タイトルにはこの表現はなく、ドゥルーズの表現を借用したものである。

（4） 臨床心理学においては、絵を描き手の無意識の表れとして考えることが、一般的であろう。すなわち、背後に隠された何かが表現されているのだと、そしてそれを読み解かねばならないのだと。しかしこのような見方は、「ここに攻撃性が表れている」とか「このような体験があったからここにトラウマが表れているのだ」などと、外側から説明のための概念を持ち込むことになり、絵そのものが開いている世界に対する臨床家の眼を曇らせてしまうことが多い。かくして絵は、判別と診断のための材料となり、絵を描くということのセラピー的意義、描き手の存在そのものを了解し直観する可能性は閉ざされてしまうのである。

（5） Merleau-Ponty, M.: *L'œil et l'esprit*. Gallimard, p.16, 1985（1964）.（拙訳。邦訳書に富松保文『メルロ＝ポンティ『眼と精神』を読む』武蔵野美術大学出版局、二〇一五年）

（6） 同三五頁

（7） 知覚からの身体の排除は、同時に認識からの身体性の排除でもあったことも、ここでつけ加えておきたい。認識の主体が透明な点となったとき、主体がもつ「ゆらぎ」や「ぶれ」、固有の文脈は、正しい認識を曇らせるノイズとして考えられるようになる。私たちは本来、ひとりひとり別々の色の「色眼鏡」をもっているはずなのに、それを外すことが目指されるようになる。世界を正しく正確に認識するためには、主体は安定していなければならない、自己を適切に制御し統制することが大切なのである、と。このように認識に脱文脈性や安定性を求めることは、世界に普遍的な理性という概念と結びつき、感情や身体性といった「気まぐれなもの」は低く見積もられるようになったのである。

（8） Bacon, F.: *Entretiens avec Michel Archimbaud*, Gallimard, pp.123-124, 1996.（拙訳。邦訳書に五十嵐賢一訳『フランシス・ベイコン―対談 ミシェル・アルシャンボー』三元社、一九九八年）
（9） Deleuze, G. 前掲書二九頁
（10） 前章で、私にとっての身体図式を作り出すためには、私の身体の各部分を名づけ意識し、それを切断しなければならないということを述べたが、これも同じ事態を指している。
ラカンの鏡像段階論では、主体にとっての身体のあらわれは、まず寸断された身体から始まる。しかしそれは、ラカンの言うような、幼児の神経系統の未熟さによるものではなく、私たちが身体を対象化するそのときから、それは寸断されたものとなる。すなわち身体は寸断されたものとしてしか顕れてこないのだと言えよう。そしてそれを統一するには、イメージが必要なのである。
（11） Deleuze, G. 前掲書三〇頁

第9章
日常性と臨床性

臨床性の始まり

「それ」は、突然に始まる。日常生活にできた大きな裂け目。当たり前のように送っていた生活が、突然に暴力的に破壊される。それは、災害や事故や犯罪で大切な人を失うことかもしれない。自分自身や家族が、不治の病や重い障害を抱えてしまうことかもしれない。あるいは、自分が必死で保ってきた心のバランスが崩れ、もう一歩も動けなくなることかもしれない。子どもが何の前触れもなく突然に学校へ行かなくなることかもしれない。

「それ」はいろんな形をとるにしろ、日常の当たり前だった生活に突然に、途方もない裂け目をもたらす。その深淵の前に、私たちは為す術なく立ちつくしてしまう。「臨床性」は、そこから始まる。E・H・エリクソンも述べるように、「臨床 clinical」という言葉は、元来「死の床」に寄り添うことを意味していた。身体が病との戦いに果て、魂が創造主との孤独な対面へ向かって旅立とうとするとき、そこに聖職者が寄り添っていくことであった。しかし、たとえ死の孤独に向かい合っているわけではないにしても、こころに大きな裂け目を被った人々にとっては、途方もない孤独とどう生きていけばよいのかという問いかけによって、すでに魂の旅は始まっているのである(1)。

日常に裂け目がもたらされ臨床性が始まることは同時に、逆説的であるが日常ということの意味に開かれて、日常性に内在していくことの始まりでもある。当たり前だった日常が突然に否定されたとき、人は、これまで過ごしていた日々が、どれだけの奇跡のうえに成り立っていたのかを知る。忙しい忙しいと不平を漏らしつつも会社に通えていた頃、今は部屋に閉じこもってしまった子どもが無邪気に笑いかけてくれていた頃を思い出し、今は失われたその時をいとおしみ、その輝きとありがたみを感じ取る。これはけっして回顧的な感傷などではない。日々を生きていくという日常性の深みに降りていくことなのである。

クライエントが心理療法家のもとを訪れるとき、彼／彼女たちは、このような臨床性と日常性を生き始めている。日常の否定と日常の深みに降りていくことという二つの相反する事態を生きようとしている。生きることの自明性と意味が徹底的に揺らぎ、先が見えなくなると同時に、生きるということの否定しがたい重みがのしかかっているのである。このようなクライエントを前にしたとき、心理療法家は襟を正さざるをえない。心理療法家自身は、果たしてそれだけの深さで、「臨床性」を日々生きているのであろうか。日常性の本質を垣間見ようとしている人に、いったいどのように寄り添えるのか、自身にそう問いかけざるをえないであろう。

隠蔽される日常性

臨床性とは本質的に日常性の重みのうえに成り立つものであるにもかかわらず、心理療法の理論化において、日常性はあまりにも低く見積もられてしまっている。心理療法とは日常のしがらみとは無関係の特別な人間関係、あるいは時間と空間を作り、その中でこころにとってのリアリティに向かい合っていくのだとしばしば説明されるように、日常性からの離脱や差異化が強調される。また、クライエントが何らかのこころの問題を抱えたからには、それまでの日常の生き方に問題があったからだとして、これまでとは異なった生き方をするよう促していく。ときには、クライエントが生きている日常生活は「自己実現」を阻む「偽」であり、心理療法によって「真の自己」を見つけなければならないという、言説を生み出すことさえある。こうして、日常性からの離脱を促し維持するための方法という観点から、心理療法の枠（リミットセッティング）や技法が論じられるのである。

しかしほんとうは、心理療法家がクライエントを日常性の外へ連れ出すのではない。クライエントは、日常に突然に生じた深淵に出会った時点で、すでに日常性から疎外され異なる世界へと開かれていることを、私たちは思い出さねばならないだろう。心理療法家の仕事とは、けっしてクライエントを日常性から離脱させることではない。日常性から強烈に疎外されたクライエントが、もう一度新たな日常性を創造するまで寄り添っていくことなのである。日常の否定と日常性への内在という矛盾した契機を含む「臨床性」を生き抜き、新たな日常性に着地することに寄り添うことなのである。

心理療法家の仕事を、シャーマンのそれになぞらえている論者は多い。たとえば、エレンベルガーは、『無意識の発見』において古代のシャーマニズムの治療に力動的精神医学の原型を見いだそうとした。その後もとりわけ、いわゆるニューエイジと呼ばれるムーヴメントの中では、精神療法や心理療法は、個々人の霊性や精神性を高め、自己実現をおこなうための手法であると位置づけられ、心理療法とシャーマニズムとの結びつきのイメージが強化された。シャーマンは共同体から境界（周辺）的な位置にいて、異界とこの世のあいだを自由に旅するすべを身につけている。超越的な体験や感覚に開かれており、人間にとっての知恵や秘儀を知っている。日常の生き方に問題が生じたり破綻したりした人々が相談にやってきたとき、シャーマンは、その問題の本質を見抜くことができ治癒をおこなう。その治療を受けた人は、忘れていた大切なものに気づき、より自分らしく生きられるようになる、というのである。精神療法家や心理療法家の仕事もそのような性格を帯びたものとして、「自己実現」を助けるのだ、というわけである。

しかし、ここで用いられているようなシャーマンのイメージは、実はひどく偏ったものである。一九世紀半ば以降のスピリチュアリズム、すなわち、霊界ということに託して人々が自己実現と自己探求をしようとしていた運動がもたらした視点からの解釈であり、きわめて近代的なものである。そもそもシャーマンとは、共同体の日常性から離れた存在ではない。その共同体の成り立ち儀礼などについて、もっともよく知った者として、共同体の日常性に縛りつけられた存在であった。シャーマンがおこなう儀式や託宣などは、その共同体に是認されてこそ存在意義があり、その共同体の中でこそ働くものであった。けっして日常の世界から離れた存在ではないのである。たしかにシャーマンの性質のひとつには、その資質や厳しい訓練の成果として、特別な意識状態に至り日常から飛翔するということがあるにしても、それはあくまでも共同体の日常性を維持するために使われた力なのである。もし心理療法家の役割をシャーマンのそれになぞらえるのが適切だとしたら、それは、クライエントに日常性からの離脱を促すからではない。日常性への回帰を助けるということの意義を考えねばなるまい。

日常性とつながる難しさ

あまりにも畏れ多いものと接するとき、人はそれなりに整えられた場が必要となる。日常性に暗い深淵をもたらす大きな力と接していくためには、その力が強大で尊厳をもって扱われるべきであればあるほど、よりしっかりした場を用意する必要がある。そうでなければ、私たちはその巨大な力に飲み込まれてしまうことであろう。

心理療法における「枠」やリミットセッティングには、本来そのような性格がある。それは、日常の中に非日常を作り出すためのものではない。すでにクライエントを臨床性の重みに放りこむことになった非日常に向かいあうために、暫定的に構成される「祀り」の場のようなものである。

心理療法はクライエントが新たな日常性を創造していくのを助けるというのであれば、そうして祀られた場が、クライエントの日常とどのような関係をもつのかを明らかにしなければならない。心理療法の時間は、クライエントの生きる時間のうちできわめて限定された時間にすぎない。週に一回の面接であるならば、一週間一六八時間のうち一時間のみである。残りの一六七時間、クライエントは「日常」の時間を生きている。心理療法を受けているときだけ真実の自分に出会えて、それ以外の日常生活は偽りを生きているという事態になったとしたら、これは倒錯した事態であろう。もちろん、心理療法の過程で一時的にそのような状態になることはあるにしても、心理療法での「私」が日常性へとしっかりと結びつかなければ、私たちの生は引き裂かれたままである。

ここで気をつけねばならないことは、心理療法の時間の構成に関して、クライエントと心理療法家とのあいだで、しばしば越えがたい大きなズレがあるということである。心理療法家はクライエントに出会っている一時間をつなげることで、心理療法の流れやクライエントのイメージを構成する。しかしクライエントにとって、心理療法はむしろ特別な時間であり、一六八時間に一回の割合で打ち込まれるクサビのようなものである。それ以外の一六七時間のほうが、自己のイメージや治療の流れの感覚を構成するのに、はるかに大きな影響を与えている。次のような逸話がある。週一回おこなっている面接が、セラピストの都合で二回休みになった。次の回にクライエントはセラピストに「三週間も空いてしんどかった」と言った。これを聞いてセラピストは「二週間しか休まなかったのに三週間空いたと言うなんて、クライエントは勘違いしているのだろうか」と思ったというのである。この逸話には、セラピストとクライエントの時間構成の違いが、端的に現れている。

こうした時間構成の差異ばかりでなく、心理療法家が忘れてはならないのは、心理療法の場面でクラインエントが見せる姿は、一週間の中でも特別な姿であるということである。摂食障害のクライエントにとって、心理療法の時間は例外的に過食嘔吐をしないですむ時間である。うつ病や抑うつ状態のクライエントにとって、その時間は全力を使ってやってくる例外的に「元気」な時間である。強迫神経症や恐怖症のクライエントにとっては、例外的に観念の渦にとらわれなくてすむ時間である。心理療法の場でのクライエントの姿だけからクライエントの状態を見立てるなら、それは大きな過ちを犯すことになってしまう。

このように心理療法家とクライエントとが、心理療法の場所と時間を共有しながらも、その時間構成において絶対的な差異を生きているとしたら、心理療法家は、クライエントと会う一時間を通してどのようにクライエントの日常生活の時間に寄与することができるだろうか。どのようにしたら心理療法の時間をクライエントの日常性と結びつけることができるのだろうか。

日常性と心理療法をつなぐといっても、それは日常の時間と心理療法の時間とを融解させるようなことであってはならないであろう。心理療法の一般的なリミットセッティングを取り払ってしまい、クライエントの日常生活にまでかかわることで支援しようという立場もあるが、これは「否定された日常性」のすさまじさを軽く見積もりすぎているであろう。クライエントの日常に穿たれた臨床性の深淵に向かい合うのではなく、それを埋め合わせようとしているにすぎないからである。日常性と心理療法の時間との差異を尊重しつつ、それをつなぐことを考えなければならなるまい。

日常と非日常の関係の再考

日常の中に、日常とは異なる「非日常」の空間や時間がどのように差異化され、それが日常とどのような関係を取り結ぶのか。これは、社会学、文化人類学、民俗学、哲学において、大きなテーマとして論じられてきた。祭儀や祝祭、ハレ、聖といった非日常の時空をもたない共同体は存在しないように、それらが共同体の成り立ちにどうやら不可欠の機能をなしているという観察から、非日常と日常との関連について多く論じられてきた[2]。

それらを詳細にレビューすることは本書の範囲を超えるが、しばしば日常と非日常は同じ平面での二項対立として考えられ、両者のあいだでの移行や循環といった観点から非日常が日常にもたらす意義が考えられることが多い、ということは確認できるであろう[3]。たとえば、祭儀や祝祭、ハレといった、日常とは異なった特別の「祭り」の時間を用意することで、日常のケガレを祓ったり、共同体がはらんでいた余剰を解放したりするのだと考えられる。このように日常の中に周期的に非日常が挿入されることによって、日常の安定が保たれ日常性が保証されるというのである。こうした二項対立をもとにした図式は、文化人類学や民俗学の通俗的な理解や、私たちが素朴に考える日常─非日常の関係のイメージの根本をなしている。

しかし、日常と非日常の水平での移行や循環を考えるこの図式は、日常性と心理療法との関係を考えるうえでは、何の示唆も与えてくれない。というのも、この図式においては、祭りとしての非日常は日常性そのものを変えはしないからである。日常から非日常へ、非日常から日常へと果てしなく繰り返される循環があるのみである。

これとは異なって、心理療法の時間とは、退屈な日常の中に作られた祭りのようなものではない。日常に蓄積した余剰を一時的に解放発散し、その後はもとの生活に戻るのだという構図ではけっして説明できない。心理療法を通して日常が変わっていくのであり、また心理療法の時間とは、必ずしもカタルシスをもたらすものではなく、クライエントにとっても苦しい時間であることも多いという事実を、忘れてはなるまい。

日常性と非日常性との関係を考えるならば、それらが相互排他的な横並びの関係ではなく、非日常の「祭り」の時空が、日常そのものの中でどのような関係をもっているのか、すなわち、日常の一瞬一瞬の奥に、非日常がどのように位置づいているのかという観点から、考えなければならない。

絶対的な外部性と祭り

ここで私たちは、祭りこそが「祀り」として共同体の中心で共同体を定義づけていた、ということを強調しなければならないだろう。祭りは単なるカオス的な余剰の解放の装置ではない。そこには多くの意味と比喩が満ち、人々の日常の隅々まであり方を規定している規範や信仰、物語が凝縮されているのである。

文化人類学者や宗教学者たちの報告を待つまでもなく、古代社会や、現在でも人間の共同体の根源的なあり方を示す部族社会では、祭りにおいて、自分たちの共同体や世界の成り立ちが、神話によって語られたり劇によって再現されたりするということは、よく知られている。それを通して人々は自分たちのアイデンティティを確認し、自分をとりまく世界や日常の生に意味を与えるのである。

このように祭りこそが人々の日常性の根拠として機能しているのであるが、そのためには、祭りは日常生活とは異なる位相になければならない。祭りは日常から横へ移行することではなく、縦へ移行することである。祭りのこうした超越性があってこそ、それは日常の隅々までと結びつくことができるのである。

ここで私たちが着目しなければならないのは、祭りの超越性とは絶対的な「外部性」からしか保証されないということである。祭りは神話と同じく、その始まりをほんとうに知る者はいない。物語と言い伝えによって意味づけられるのみである。また戦争や災害、異文化との接触などの出来事によって日常性が否定されたときには、絶対的な異物を含んだ自分たちの生を説明するために、神話はミュトスとして新しく語り直され、祭りも新たな要素を含み変化してきた。あるいは、季節の一巡りを無事に過ごせたとき、人々はその奇跡に感謝した。自分たちの力ではどうにもならない「畏れ」に接するときにこそ、祭りは祀りとして生きるのである。人々がみずからの意志で采配し作り上げていくものは「イベント」ではあっても、けっして「祭り」ではない。そのようなイベントは日常からの横滑りでしかなく、自分たちのアイデンティティや世界については語ってくれない。

祭りの空間が、現在のように超越性を失い、日常からの横滑りの逸脱としてその価値が切り下げられてしまった背景は、私たちが事象を因果律で予測制御し、社会の安定性と安全性を獲得してきたことに、皮肉にも対応している。中井久夫は、戦時と平和時の基本構造が根本的に異なることについて、「平和時には安全保障が基準であってその中に安全への脅威が点在しているが、戦時においては安全保障は原理的に撤回され、安全脅威が地平線まで続く中に猶予としての安全がある。このように構造が逆転している」と述べている[4]。

この対比は戦時と平和時の差異ばかりでなく、自然界の制御や予測もままならず戦争にもたびたびみまわれていた時代と、現代のように事象を予測制御するようになった時代との差にも、そのまま当てはまるであろう。安全脅威が地平線の彼方まで続き、自分たちがかろうじて紡いでいた日常の意味世界がたびたび大きな力によって寸断されていたとき、人々は先の見通しのつかない断片の生活に必死で形と意味を与えようとしていた。そして、そのような絶対的な日常の否定があったからこそ、祭りはその超越性をもち、人々の日常性と緊密に結びついていたのである。

心理療法家の無力さとしての臨床性

日常に裂け目がもたらされたとき、クライエントは先の知れぬ不安の中に投げ込まれる。それはさながら、安全脅威が地平の彼方まで続く世界である。そのとき、クライエントは臨床性を生き始めるとともに、祭りの時空が再び重要な意味をもってくるのである。もし心理療法がクライエントの先の見えない日常を支えるものとなりうるとしたら、それは心理療法が、こうした祭儀性を帯びた時空として、クライエントの生の中に位置づけられるときである。

祭りの時空がそうであるように、それは日常がそこに集約され、日常がそこから生まれ出ていくような、日常とは異なった、しかし日常と緊密に結びついた場である。だが、けっして心理療法家がクライエントの日常生活に指示を与え采配するような場であってはならない。祭りにおいて、絶対的な外部性への畏れを失ってはならないように、心理療法の場においてクライエントと同様心理療法家も畏れを失ってはならない。

逆説的な真実であるが、心理療法家がクライエントに対して何かをなしえるといった能動性の感覚を拡大していくほど、心理療法家は畏れを失い、臨床性を生きることができなくなる。日常性が否定され徹底的な受動性に投げ込まれたクライエントの存在のありようとは、大きく隔たってしまうのである。

誤解を恐れずに言うならば、臨床性を生きるためには心理療法家は「無力」でなければならない。これはけっして無知や怠慢がゆえの無力ではない。無知や怠慢がゆえの無力は、能動性の限界の壁に突き当たることを先延ばしにしているだけであり、ほんとうの意味での無力さではない。どんな努力やどんな知恵を尽くしたうえでもなお残る無力、自分ではどうしようもない事実、絶対的な外部性があるという畏れに心理療法家は開かれなければならないであろう。

実際、心理療法の過程は、心理療法家に無力さと畏れを感じさせることに満ちている。もっと正確に言えば、無力さや畏れと同時に、「驚き」を感じさせることに満ちている。まず私たちはクライエントに降りかかった日常性の裂け目の大きさに驚く。そしてそれが、私たちの計らいではどうにもならない深さと複雑さをもつことに畏怖を感じる。さらにはクライエントが時々見せるその跳躍の力に驚くのである。心理療法の過程において、心理療法家の予測やこれまでの経験は、クライエントに出会い続けるということそのものによって、破られ否定されていくのである。

心理療法家は、どんなに経験を積もうとも必ず有限の局所性を生きている。この局所性は、クライエントと出会うときにこそ、なおさら痛感されるのである。みずからの局所性と無力性の痛みを感じ取るときにこそ、そして他者が自分たちを超え出て行くことに喜びを感じ取るときにこそ、心理療法家は自身の「臨床性」を生きることができる。それは心理療法家がみずからのミュトスを生みだし、みずからを超えていくことでもある。

フロイトやユングといった先駆者たちがなした自己探究と事例研究は、そうした臨床性に満ちている。彼らはけっしてみずからの「内面」をひたすらに見つめていったのではない。臨床の経験の中で新しいクライエントに出会うたびに、そして彼らの生きる日常が時代とともに大きく変遷し、二度の大戦さえにも直面するという外部からの否定に出会うたびに、彼らの思想はつねに更新されていった。そこには、彼ら自身が生きる日常性との結びつきが語られている。心理療法家がクライエントとの出会いの中でみずからの臨床性を生きるということ、自分たちの生きる時代の現実性を見据えつつ、自分のミュトスの動きを見つめること。ここにこそ「日常性の心理療法」があるのである。

（1） Erikson, E. H.: *Childhood and society*. Norton, p.24, 1950.

（2） 西欧的な聖―（遊）―俗という二項（三項）関係と、ハレ―（ケガレ）―ケといった日本での二項（三項）関係とでは、もともと根本的に日常―非日常の区分や構成の仕方が異なり、本来は同一に論じることはできない。しかし本章においては、日常―非日常の差異の考察として、そうした二項（三項）関係よりも、より抽象度の高い考察であるということが、こうした論じ方を可能にしている。

（3） たとえばバタイユの論は、このような考えの典型をなしており、かつ後続の思想に与えた影響も大きい。

（4） 中井久夫「震災一〇年目の覚書」『臨床心理学』四巻六号、七六三―七六八頁、二〇〇四年

Ⅲ　物語、歴史、コスモロジー

第10章
私の歴史が生まれるとき

語りの非日常性

アルバムには、私たちの思い出が綴られている。旅行をしたとき、知人や親戚が訪ねてきたとき、地元のお祭り、入学式や成人式。そこには、私たちがたしかに過ごした時間の記録がある。月日が経って私たちが変わっていっても、アルバムの中の姿は当時のままであり、それを見ると、私たちは過ぎ去った日々のことをありありと思い起こす。

しかし、アルバムの写真の中の私たちは、ほんとうにそのときの私たちの姿と言えるのだろうか。実はこれは疑わしい。それらの写真のほとんどは、日常生活から抜け出したときの私たちの姿である。どこかに旅行をしたり、遠来の友を迎えたり、何かの儀式があったりといった、非日常的なハレの出来事のときの姿である。

しかもアルバムの中では、その頃はケンカの絶えなかったきょうだいや親とも、仲良く並んで写っていたりする。ケンカの場面をわざわざ写真に撮って、思い出のためとして残しておくことなど、まずあるまい。つまり、アルバムに残されている私たちの記録とは、私たちの生活の中の非日常的な場面を、非日常的に演じたものであるのだ。

そうした話は、もう一昔前のことになってしまったようにも思われるかもしれない。現代では写真はすっかりデジタル化されて、以前よりずっと手軽でありふれたものになった。写真を撮るという行為は、特別なときの特別なことではなく、まったく日常的な行為となった。しかしながら、それが日常化してしまうと、逆説的に私たちはあえてそこに非日常を探し求めるようになっている。いわゆる「SNS映え」する写真をせっせと作りだして投稿するように、非日常を演出しているのである。SNS映えするために撮影した写真を寄せ集めたところで、それは自分の日常を語るものではないであろう。SNSの上には一昔前のアルバムと同じように、生活の中の非日常的な場面が、非日常的に演じられているのである。

私たちには、自分を記録し自分を語るとき、非日常を寄せ集めることが、どうやらありそうである。そうすると、アルバムやSNS上に残されている私たちの「思い出」とはいったい何なのであろうか。私たちが生きていた時間の大部分を占めていたはずの日常生活の思い出ではなく、その中に断片的に挿入された非日常の時間の記録とは、私たちにとって、いったいどんな意味をもつのだろう。あるいは、そのような非日常の記録であるにもかかわらず、私たちがそれらを「思い出深く」眺めるというのは、いったいなぜなのだろうか。

非日常を綴ることで思い出を構成するというのは、写真に限ったことではない。歴史というものも、そのように構成される。「人類の幸福の時代は、歴史の本の中では空白のページである」と、ドイツの歴史家ランケは言った。そのように、洪水や干ばつ、疫病の流行や戦禍もなく、日常の生活を人々が当たり前に平穏に送ることができていた期間は、歴史のページに記されることはない。平穏な日常が破られ、人々が病や飢えに苦しむとき、戦禍で生活が踏みにじられるとき、あるいは類い希なる英雄や指導者が、大きく生活を変えていったとき、それが歴史に刻まれ語られるのである。

個人の歴史であれ人類の歴史であれ、そこで語られるのは、当たり前の生活から逸脱した非日常であるということ、実はこれは、私たちの「語り」(1)そのものが本来的にもつ性質である。私たちは、自分の体験した出来事を他人に語り、思い出を語る。あるいは、日記やブログとしてそれを綴り語るかもしれない。しかし、自分たちが、当たり前のように毎日繰り返ししていること、まったく自明なことは取るに足りないこととして、語りには上らないであろう。もっぱら私たちが語り綴るのは、日常生活の当たり前が破られたとき、あるいは、驚いたこと、感動したこと、憤慨したこと、悲しかったこと、はっと気がついたことなど、日常のルーティンから外れたことが圧倒的に多いのである。

非日常の語りが重なりあう心理療法

心理療法、とりわけ力動的心理療法と呼ばれる方法では、クライエントが語るということを、その技法の中心においている。そして実際に語るということこそが、クライエントが自己を回復したり、あるいは新しい自己を見つけ出したりするための、大きな原動力になっていることは、クライエントとしてであれセラピストとしてであれ、心理療法を実際に体験した者にとっては、疑いようのない事実であろう。

心理療法で語ることがなぜ大きな役割を果たすのか。これに関して、次のような説明がなされることが多い。すなわち、心理療法の場面で語ることを通して、「クライエントは自分の物語を回復していくからだ」「唯一無二の自分が生きる物語を作っていくからだ」と。しかし、クライエントが自分自身の物語を作り上げるのは、語った「結果」であって、語ることがなぜそれをもたらすかということの説明にはなっていない。しかも先述したように、語りは本来的に非日常を語るものだということを考えるならば、事態はそう簡単ではなくなる。心理療法において、クライエントがまずは「話題」として持ってくることも、彼/彼女たちにとって非日常的なことである。自分たちに生じた意外なこと、憤慨したこと、悲しかったことなどである。そうだとしたら、クライエントの語りは、クライエントの存在全体にとってどのような意味をもつのだろうか。大切な重みのある日常生活そのものは、むしろ語られずして、なぜ「自分の物語」を作り上げていくといえるのだろうか。あるいは「自分の物語」とは、日常生活から遊離した物語にすぎないのだろうか。

非日常こそが語られるという語りの性質はさらに、心理療法へのセラピストの関与のあり方にも、鋭い問いを突きつけることになる。セラピストはクライエントが語るのを聞く。そのときの原則は、クライエントの語ることにできるだけ意味づけをせず、語るのを阻害せず、「無条件の肯定的配慮」で聴いていくことである。しかし、セラピストはクライエントの語ることを、ほんとうに意味づけたり選択したりせずに、そのままに理解しているのだろうか。

この問いに対する答えは、否であろう。どんなに公正であろうとしても、セラピストは、クライエントの語りを、自分の観点から脈絡化し意味づけながら聞いているという事実があることは無視できない。そもそも、クライエントの語ることすべてに均等に注意を向けるというのは、原理的に不可能である。もしほんとうにそのようなことが実現できたとしたら、それは、道端の小石までもが大きなビルと同様に表示されている地図のようなもので、かえって意味をなくしてしまうであろう。ある選択や意味づけがあるからこそ、セラピストはクライエントの話を聞いて「理解」できる。理解とは本質的にそのようなものである。「平等に漂う注意」や「無条件の肯定的配慮」という原則は、そのようなことはけっしてできないからこそ、セラピストが自分の聴き方を省みて独善的になるのを戒めるための、努力目標として機能している側面もあろう。

では、クライエントの語りの中から、セラピストは何を選択しているのか。これは、事例記録（ケース記録）を書くときのことを考えてみれば、はっきりするであろう。事例記録では、セッション中に生じたこと、クライエントの語った一語一句をすべて正確に記述するわけではなく、意識的にしろ意識せずにしろセラピストが重要だと思うことが選択して書かれる。そこで記述されるのは、クライエントが毎回同じように語ることよりも、セラピストがこころを動かされたり気づいたりしたこと、クライエントに認められた変化など、これまでとは違ったことを中心に記述されるのである。セラピーの中で繰り返される日常的なことよりも、当たり前のことから外れた非日常的なことが、そこでは綴られるのである。つまりそこでは、セラピスト自身が語っているのである。

このように、心理療法においてセラピストがクライエントにかかわるということは、幾重にも「語り」によって媒介されている。それはとりもなおさず、幾重にも非日常を選択して、それを綴っているということに他ならない。クライエントは、自分の非日常を中心に語る、そして心理療法の中の、その語りから、セラピストは自分にとって非日常的なものを選択して語っていくのである[2]。こうした非日常の語りの重なりあいの中で、セラピストは、どのようにクライエントの存在に、接近することができるのであろうか。

語りえない事実

　ここで語りに関する、もうひとつの大きな難問がある。語りは、日常から逸脱したものをこそ語るという性質をもちながらも、日常からあまりにも逸脱してしまった事実は語ることはできないということである。たとえば私たち人類は、アウシュビッツの名に代表されるホロコーストの事実について、語ることはできるのだろうか。もちろんアウシュビッツについては、これまでも多くの人によって語られてきており、これからも語り続けなければならないだろう。しかし、ほんとうに私たちはアウシュビッツを「語る」ことができるのであろうか。これは、エリ・ヴィーゼルをはじめ、ホロコーストを生き抜いた人、そしてこの問題を考える歴史家たちが繰り返す問いである(3)。

　アウシュビッツでおこなわれたホロコーストの悲惨さは、私たちの想像を絶したものであったという。それを私たちは伝聞でしか知ることができない。そしてどんなに想像力をたくましくして私たちが悲劇を描いたとしても、それはアウシュビッツの「事実」には及びつかない。「ありえないことがあった」ホロコーストの事実を、私たちは語る言葉と想像力をもたないのである。それでも私たちがそれを語ろうとするとき、そこにはある脈絡化が生じてしまう。意味づけが生じる。しかもその意味づけをおこなう当の私たちは、アウシュビッツの体験の外にいるのである。

あるいは、アウシュビッツを生き抜いた人々が語るにしても、今やその体験の外にいる彼／彼女たちは、当時の体験を語りうるのか。さらにそれを語ったとして、聴き手にほんとうにそれは伝達できるのか。しかし同時に、それを語り続けていかなければ、その記憶は次第に人類から風化していくであろう。沈黙によってさえ語りえないことを、私たちは語ろうとする苦悩を続けていくしかないのである。

ホロコーストの事実と同様、心理療法においても、心的外傷の体験は、それが日常から逸脱した途方もないものであればあるほど、語ることは難しい。トラウマの心理療法の役割を、「語りきれないものを語ることを助けること、物語とならないこころの傷という異物が物語となっていくことを助けること」と言ったとしたら、それは楽観的にすぎるであろう。たしかに、反復夢や意味化されない断片的な記憶によってその人を苦しめる拭いようのない体験を、語りとして構造化していくことは大切なのかもしれない。あるいは、技法的立場によっては、それを「忘れる」ように助けていくことが治療だとする考えもある。しかし、それは沈黙によってさえ語れない体験をした、という重い事実を貶めることにはならないだろうか。

アウシュビッツの記憶を人類が容易に語ることができるようになったり、あるいはそれがなかったかのようにすることが、果たして人類の「治療」となりうるかどうかを考えてみればよいであろう。語ることができないものを抱えつつ、その記憶を消し去りもせず、しかし私たち自身に対する絶望ではなく希望をもって生きるということこそが、成し遂げられなければならないはずである。

語りの再考の必要

これまで述べてきたような語りの性質を考えるならば、私たちはもう一度、心理療法における語りの意味と役割について、考えざるをえない。すなわち、クライエントの日常というより非日常が語られるのに、そしてセラピストはその語りからさらに非日常的なことを選択して自分が語っているというのに、さらに、あまりにも日常から逸脱した出来事は語れないというのに、なぜ語りは心理療法において決定的な役割を果たすのか、ということを考察しなければならないであろう。

心理療法における語りについて正面から考察した数少ない人物のうちのひとりは、カール・ロジャーズである。彼は、カウンセリングの過程を「科学的に」説明づけ記述しようとする努力、つまり反復可能・検証可能であるように分析しようとする試みの中で、弟子ジェンドリンとともにカウンセリング場面でのクライエントの体験の進行を七つの段階に区分している。これはクライエントが語ることが、どれだけ彼/彼女の「自己」に一致しているか、そしてどれだけ「今ここ」での体験に開かれているかという観点から、体験の深さ（高さ）の段階を考えたものである。[4]

最初の段階では、クライエントは自分のことを話そうとせず、他人のことや伝聞した話に終始するという。すなわち、自分にかかわることが話題に上ることはなく、自分自身の中に問題も感じていないし、変化しようという意志ももたない。しかし、セラピストが丹念に無条件の肯定的配慮を続けていけば、クライエントは次第に自分について話してもよいのだという感じをもつようになり、第二段階に進む。ここでは、自分の体験を語るにしても、まだ、何々をしたとか、どこどこに行ったというように、体験の事実を語るだけで、自分の主観的な感情的負荷はないという。ここに、さらに体験への感想や感情が加わったり、過去の体験との結びつきが含まれたり、気づきが語られるようになっていくことで、体験は深さを増していく。そして、ロジャーズがもっとも重きを置いたのは、セラピストに向かって話しているうちに、はっと気がついて語り手自身の感情も動くような、「今ここ」に開かれた体験である。

ロジャーズのこの段階区分は、心理療法（カウンセリング）でのクライエントの語りの進展に、実によく当てはまる。しかし、残念ながらロジャーズ自身は、なぜ語りによって体験が深化していくのかについては、ほとんど述べていない。受容的で共感的な理解をセラピストが自己一致して保ち続ければ、プロセスが進行していくと述べているにすぎない（もっとも、それこそがロジャーズが大切にしたかったことなのであるが）。なぜ心理療法は語りによってプロセスが進展していくのか、本章では語りの性質からもう少し考えてみたい。

クラインエントが、セラピストのもとにやってきて語る。心理療法を開始した最初のうちは、非日常こそが語られるという語りの性質のつねとして、何か日常とは変わったことがあったことを話そうとする場合が多い。これまでの経過報告であれ、一週間の報告であれ、それは共通に見られる特徴である。しかし、日常とは異なった出来事を中心に構成する語りは長くは続かない。やがて「今週はとくに変わったことはありませんでした」とか「もう話すことはありません」という段階が、必ずと言ってよいほどやってくる。一週間のうちでことさら話題にして語りたいような特別な出来事、これまでの人生の歩みを左右するような特別な出来事、あるいは一週間での気づきのようなものは、それほどたくさんあるわけではないのである。心理療法を始めたばかりの頃、すなわち、心理療法を開始したということ自体が大きな意味をもっているうちは、一週間の気づきや変化が語られることは多いが、当然のことながらそれも長続きはしない。心理療法場面で日常とは異なったことを語ろうとするだけでは、無理が出てくるのである。

このような語りが苦しくなってくるのは、セッションの三～四回目ぐらいであるように思える。ここから先に心理療法が進展していくかどうか、大きな分かれ目がある。心理療法が進展していくのは、非日常を語ろうとするのではなく、語ることで逆に日常生活の中に非日常を見いだすことができるかどうかにかかっていると言えるであろう。たとえば、ためらいがちに「こんな当たり前のことを話しても」と、本人にとってはまったく日常的なことが語られることもあるが、その本人にとっての「当たり前」が当たり前でないことも多い。また、語っていくうちに、当たり前であったはずの日常に、多くの非日常が潜んでいることに、クライエントがみずから気づく場合もある。語りとは非日常を語るものであるがゆえに、日常をあえて語り続けることで、逆にクライエントの日常は日常でなくなっていく。このときから、心理療法のほんとうのプロセスは始まっていく。

何が当たり前の日常で、何が日常を離れた事象であるか、それを決めるのは、クライエントがそれまで作り上げてきたものの見方や考え方である。それによるかぎり、クライエントの人生への意味づけは同じままであり、毎日の生活の中で見えるものも同じである。セラピストがクライエントの語りを促し、語りに応答し、クライエントが語り続けることで、非日常と日常の意味づけが変わり、その区分をもたらしていたクライエントのパースペクティヴも変わっていくのである。これはちょうど、日常生活の場面をあえて写真に撮ると、ふだん見慣れたはずの生活のひとこまや風景が、まったく異なる表情で現れてくることに似ている。そして、当たり前だった日常に、とても豊かな意味があったことに気づく。写真にとることが日常の風景を見る新しい目をもたらすように、あえて語ることも日常に対する私たちのまなざしを変えていくのである。

語りとリアリティ

では、語りによってただ、それまでの日常と非日常の区分が揺らぎ変わっていけばよいのであろうか。語りというものは、たしかに相対的なものである。黒澤明の映画『羅生門』に見事に描かれているように、ひとつの事象に関しても、観察者の視点によってまったく異なった語りがありうる。ポストモダニズムのナラティヴの論者たちが述べるように、記述されるべき事象の選択、そして事象と事象の結びつけ方には、無数の可能性があり、したがってどんな語りが作り上げられるのかは、まったく恣意的に思えるかもしれない。

心理療法とはクライエントにこれまでとは異なったオルタナティヴな物語を提供することであると言ったとしたら、これは単純にすぎるであろう。心理療法でもたらされるのは、単にひとつの物語から他の代替の物語への移行でいいのだろうか。より適切な物語とまでは言わないが、そこに物語の質の差のようなものを考える必要はないだろうか。

もうひとつは、語ることの魔力に頼るのであれば、なぜわざわざ心理療法を受けなければならないのかという問題である。語るだけでよいのなら、友人に語るのもセラピストに語るのも、同じではないのか。わざわざお金を出して心理療法に通う必要があるのだろうか。心理療法におけるセラピストのクライエントの語りへのかかわり方に、ふつうの会話とは異なった何か重要な秘密があるのではないのか。この二点をさらに考えねばならないであろう。

一七九三年一月二一日午前一〇時一〇分、パリのコンコルド広場でルイ一六世の首が落ちた。同日同時刻にノルマンディのとある鄙村では、木に残されていた最後の一個のリンゴの実が落ちたとしよう。物理現象としては、いずれも同じ落ちることであり、いずれも事実（fact）である。しかし、前者が世界史を綴るうえで重要な事件であるのに対して、後者は歴史に残されることはない。その理由のひとつは、これまで本章で述べてきたように、後者は、どこにでもありふれた日常的なことであり、ことさら語られるまでもないからである。

しかし、もしそのリンゴの木の前で、ある宗教家が瞑想を続けていて、リンゴが落ちる音を聞いたことで、一挙に世界の真理を悟ったとしよう。これはその宗教家の「歴史」にとっては、唯一無二の重要な事件である。あるいは、リンゴが木に残り続けることに、重い病にかかった妻の命を託し祈っていた農夫にとっても、それは大きな出来事となるであろう。そして、ルイ一六世の首が落ちたというきわめて非日常的な出来事は、彼らにとって、リンゴが落ちたことよりもずっと小さな意味しかもたないだろう。一般的には日常的でありふれた事象のほうが、彼らの語りを綴るうえでは、重要な「非日常的」な出来事となるのである。

ここで私たちは、語られる出来事の非日常の「重み」を意味づけるような文脈を考えねばなるまい。それは、これまでになかったようなことがあったとか、気づかなかったことに気づいたといった、事象の新奇性によって決定されるものではない。リンゴが木から落ちることなど、これまでも何度も目撃しているはずであり、事象としては何ら新奇なことではないからである。しかし、その当たり前のことが、非日常的な意味の重さを持つこともありうるのである。

非日常的な意味の重さとは、その出来事のもつリアリティ（現実性）の重さであると言ってもよかろう。非日常的なことがリアリティであるというのは奇妙な定義に思えるかもしれない。しかし、私たちにとってリアリティとして重みをもって迫ってくる事柄は、私たちにとって驚くべきことであり、少なくとも日常のルーティンの中にあるものではない。そして、そのような「非

「日常的」なことでありながら、〈わたし〉という系の隅々にまで届き、その隅々までをも照らし出してくれるような事象である。

こうした出来事のリアリティは、客観的な因果関係から規定されるものでもない。リンゴが落ちたことは宗教家の悟りには因果的にはまったく関係ないし、農夫の妻の命を因果的に短くするものでもない。かといって、これがまったく主観的で恣意的に決定されたものかというと、けっしてそうでもない。リンゴが落ちたことで得るリアリティは、宗教家に「もたらされた」意外な驚きであって、宗教家がみずから能動的に作ったものではない。また農夫にとっても、そもそも物語を選べる能動性があるならば、いつ落ちるともわからないリンゴに妻の命への祈りを託したりはしないであろう。つまり、リンゴが落ちて悟りを得たという物語、リンゴが落ちて妻の病状の重さを再認識したという物語は、それを語る主体が恣意的に選択して作り上げたものでは、けっしてないのである。

心理療法の語りと私の歴史

心理療法のプロセスにおいても、そのようなリアリティがもたらされることが、クライエントの語りを変え、クライエントの自己のあり方を変えていく。心理療法のプロセスの中で、これまで何でもなかったような事象が、急に大きな意味をもってきたり、これまでのクライエントの語りからは予想もつかなかったような出来事が生じたりして、それらが後の心理療法の展開に重要なきっかけを提供することは、よく知られている。そして、そうした事象は、クライエントのこれまでの歩みを集約すると同時に、これからの歩みも示すような、きわめて象徴的な出来事であることが多い。

きわめて重要な出来事であり、必然的な重みを持ったリアリティであるにもかかわらず、どのような事実（fact）が、そのようなリアリティとなりうるのかは、予想がつかない。それは、驚きと変化を含んだものである以上、これまでの系のあり方から予測することはできないのである。(5)

しかし、それは系にとってまったくの異物ではない。まったくの異物であるならば、それはそもそも語りに上らなければ、系にとって意味をもつこともないであろう。系にとってリアリティある非日常として語られること、それは異物であると同時に、その系の要素ともなりうるものである。別の言い方をすれば、それが語りの系にとって非日常であると同時に、語りの系と中心性とでも言うべきものを共有していなければならないのである。

心理療法における語りとは、こうした中心性をしっかりと保ち続けるものでなければなるまい。そして、セラピストのかかわり方とは、こうした中心性を見つめ続けるものである。語りによって、ただ次々と非日常が生み出されているだけでは、その非日常は、リアリティを持ちえない。これはちょうど、祭りがイベントとなってしまった社会のようなものである。語りによって生み出されるものは横滑りでしかなく、系が浮遊していくのみである。祭りの祀りとしての柱を失った共同体はみずからのアイデンティティを語ることができないのと同じように、このような中心性を失った浮遊する系の場合、ほんとうの意味での「ヒストリー」を生み出しえない。

歴史における物語（ナラティヴ）について考察しているヘイドン・ホワイトのモデルを借りるならば[6]、そのような語りはクロニクル（年代記）にすぎない。そこには確固とした始まりもなく、確固とした終わりもない。記憶に上りうる一定の範囲で、知覚された出来事を、単につなげたものにすぎない。フロイトの人格論のモデルでいえば、これはせいぜい前意識までを範囲とした作業にすぎないのである。私たちの日常的な会話での語りは、このレベルにとどまることがほとんどである。今から数時間前、数週間前、数年前で記憶に上る範囲で語り、私が確固として歩んできたはずの道筋の多くは忘却され、語りの筋には上らない。矛盾する出来事や感情は適度に解離分割され、結びつけようとする努力は薄いままである。

それに対して心理療法では、語りの系の中心性をつねに見据え続けていく。これは、語られる出来事が共通して指し示している意味を仮定し、それを探し続けることに他ならない。日常の意識では解離されている概念、同時には意識野には上らない出来事を結びつけ、その関連を語ろうとするのである。しかしこれは、ことさらに事象の連関を予測し作り上げるような、能動的で選択的な行為ではない。そのような態度をとるかぎり、驚くべきリアリティは現れてこない。あらゆることの背後の意味を見つめ続けながら、同時にみずからは意味づけをしない、きわめて禁欲的な態度が必要である。

このプロセスは、実は容易なことではない。クライエントにとっては、自分が語ったあらゆることが「自分のこと」として返されていく苦しい過程である。しかし、これこそが「無条件の肯定的配慮」ということでもある。それは、自分のすべてが受容された温かい感じであると同時に、すべてが自分に跳ね返され自分でそれを受け止めなければならない厳しさを含んでもいるのである。

私のすべてが私に返っていくとき、ある日突然に私には、私の中心性がはっきりと認識される。私の語りが「ヒストリー」となる瞬間がある。その瞬間は、驚きとリアリティに満ちた瞬間でもある。このとき、私が歩んできた道は、たとえそれがこれまでは曲がりくねったものであったにしても、実はまっすぐな道であったことに突然気づくのである。過去が一瞬にして照らされ、つながると同時に、未来も照らされるのである。そこにこそ、私のかけがえのない「歴史」が現れてくる。

このような瞬間は、人生の中でも、そして心理療法のプロセスの中でも、めったに訪れない、そして到来してもやがては消えていく貴重な瞬間である。そこに至るまでに、心理療法の中で、積み上げて行くべきプロセスがある。次章では、このことについて「語りの場」、すなわち、セラピストとクライエントの関係性という観点から、さらに考察してみたい。

（1）日本語の「語り」は、たとえば英語では story、narrative、discourse などの言葉が該当し、それぞれに異なるニュアンスを、日常語としても術語としてももつ。本章でいう「語り」の場合、narrative にもっとも近いが、story や discourse の意味で使用している場合もある。しかしこれは、けっして厳密さを犠牲にしていることではなく、日本語を使って思考するうえでは必然的なことであり、これらの三つを区別して論じるときには見えてこない結びつきや思考の展開がありうる。そうした、日本語で思考することの積極的な意味を活かしたい。

（2）しかも、すでに本書で述べたように、セラピストの前で見せるクライエントの姿は、彼／彼女たちの例外的に頑張っていたり元気であったりする姿であることも忘れてはなるまい。

（3）アウシュビッツの表象の可能性と限界については重要な議論の多いところであるが、そこに深く立ち入ることは本書の範囲を超えるので、表象の限界を示唆する議論を呈示するに本章ではとどめておく。

（4）Rogers, C.R.: A process conception of psychotherapy. *American Psychologist* 13: 142-149, 1958. ロジャーズが示しているカウンセリングプロセスの七つの段階は、後にジェンドリンたちが「体験過程スケール experiencing scale」として尺度化した区分と、ほぼ共通である。この七つの段階区分のオリジナルな発想は、当時共同研究を行っていた両者のいずれによるものなのか、筆者にはまだ十分に調べきれていない。

（5）もちろんそれを、事後的に物語として語ることはできる。しかしそこで綴られる物語は、もはやプロセスの中でもたらされた、驚きに満ちたリアリティの体験とは質的に異なってしまっている。なぜなら、リアリティの体験があったことから、事後的に過去の事象を記述するものであるからである。

（6）White, H.: *The Content of the Form: Narrative Discourse and Historical Representation*, The Johns Hopkins University Press, pp.3-10, 1987.

第11章 語りから生まれる「私」

「人類の泉」に寄せて

彫刻家であり詩人でもあった高村光太郎は、智恵子を「人類の泉」と称え、こう詠《うた》った。(1)

世界がわかわかしい緑になつて
青い雨がまた降つて来ます
この雨の音が
むらがり起る生物のいのちのあらはれとなつて

いつも私を堪らなくおびやかすのです
そして私のいきり立つ魂は
私を乗り超え私を脱れて
づんづんと私を作つてゆくのです
いま死んで　いま生れるのです

そして、光太郎は次の言葉を繰り返す。

私にはあなたがある
あなたがある

『智恵子抄』に収められているこの詩には、「私」が他者との関係の中から生まれ出でる様子がみずみずしく描かれている。こうしたひたむきで高貴な愛情が、果たして実際に光太郎にあったのか、とりわけ智恵子が精神の病を患い入院してからの彼の素行を引いて怪しむ向きもないでもない。しかし、それを考慮に入れたとしても、なおかつここには智恵子という存在によって光太郎の中に、彼を超えた新しい自己が生まれてくる様子が見事に表現されていることには、変わりはない。

この詩を冒頭に引き、本章で私は、心理療法の「語り」における次の二つの事柄について論じたい。ひとつは、私が「いま死んで、いま生まれる」ということ、すなわち〈あなた〉との関係の中で〈わたし〉が新たに生成してくるという事態である。二つめは、「私にはあなたがある」と繰り返されたように、〈あなた〉が「ある」ということは、〈わたし〉の生成にどのように関係してくるのかということである。

孤島に漂着し一人での生活を余儀なくされながらも、その強い意志と内在化された宗教的規範に従い生活を続けた、自立と規律の人であったロビンソン・クルーソーにおいてさえ、彼が自分であり続け、また新たな自分を開いていくためには、フライデーという他者が必要であった。

ここに端的に示されているように、私が〈わたし〉であり、〈わたし〉となっていくには、他者という存在は欠くことができない。他者とのかかわりによって〈わたし〉が生まれ〈わたし〉が定義されるということは、人間関係の根底にある。このことは、すでに多くの著作や心理学的な言説が説明してきたことであり、もはや改めて言うまでもないかもしれない。しかし、心理療法的な関係ほど、そのことが強く意識される関係性はない。心理療法的関係は、他者とかかわることで〈わたし〉が新たに生成していくことを目指すものである。すなわち、クライエントが独りではなしえなかった〈わたし〉が、セラピストとの関係性の中で生まれていくことを（そしてそれと不可分のこととして、セラピストの新たな自己も生成していくことを）、目指すものである。

語りかけから生まれる〈あなた〉と〈わたし〉

心理療法的関係は、二人称的な関係をその基本においている。もちろん、家族療法や夫婦カウンセリングなど、三人以上が同時に参与して行われる心理療法の形態もあるが、セラピストとクライエントとの一対一の二人称的関係こそが、もっとも基本的であることには、変わりはない。〈あなた〉と〈わたし〉という二人称的関係は、人と人とが向かい合うときの、もっとも根源的な関係である。ドイツの哲学者マルティン・ブーバーは、この二人称的関係を、「わたし」と「それ」「かれ」という三人称的な関係よりも、圧倒的に重視した。[2]私たちにとって「それ」「かれ」は、対象化されモノ化されたものとしてしか表象されえない。私たちは「それ」について語り、複数の「それ」を比較し「それ」に働きかけることをする。しかし、私たちは、そうした三人称の位置にある存在に対しては、呼びかけることもできなければ、祈ることもできない。私たちが、無心に祈り呼びかけるとき、その相手は〈汝＝あなた〉として、必ず二人称の位置にいるのである。〈あなた〉への関係とは、何にも媒介されない直接的なものであり、そのつどそのつど唯一で絶対的である。そしてブーバーにとって、〈あなた〉への呼びかけとは、他ならぬ神への呼びかけでもあった。

ブーバーの論においてさらに重要なのは、〈わたし〉と〈あなた〉は、最初から存在しているわけではなく、両者の「あいだ」の関係性こそが先にあり、そこからこそ〈わたし〉と〈あなた〉が生まれうるということである。それぞれ独立で自存的な〈わたし〉や〈あなた〉があって、その両者がつながるのではない。〈あなた〉から離れて〈わたし〉はありえず、〈わたし〉から離れて〈あなた〉はありえない。私は〈あなた〉に関係するときこそ〈わたし〉たりえ、そしてあなたは〈わたし〉の呼びかけの中でこそ、〈あなた〉たりうるのである。

一見煩雑に見えるこの事実を証明することは、それほど難しくはない。私たちが使用する言語のもっとも単純で基本的な構造の中に、この事実は明白に表れている。フランスの言語学者バンヴニストは、さまざまな言語における人称の使用の知見を総合し、次のように述べる。「自分という意識（la conscience de soi）は、対比によってしか感じとられない。私が〈わたし〉という言葉を使うのは、誰かに話しかけるときのみであり、その誰かとは私から語りかけられる（allocution）中で〈あなた〉となるのである」[3]「そして実際、〈わたし〉と〈あなた〉という人称の特徴のひとつは、それが固有の唯一性（unicité）を持つということである。すなわち、発話する〈わたし〉、そして〈わたし〉から語りかけられる〈あなた〉は、そのつどそのつど一回限りなのである」[4]。

〈あなた〉と〈わたし〉は、内実をもつ実体として存在するものではない。そのつどそのつどの語りかけという行為の中で新たに生じてくるものなのである。そもそも〈わたし〉が他の名詞と同じように特定の性質や内実をもつとしたら、どうして誰もが自分自身のことを〈わたし〉と言うことができようか。これは、〈あなた〉に関しても同様である。〈わたし〉も〈あなた〉も、実体的なものではなく、毎回毎回の語りかけのたびに、固有に唯一無二のものとして生まれるからこそ、誰もが〈わたし〉と〈あなた〉を措定できるのである。そしてこの絶対的な個別性、一回性がゆえに、〈わたし〉と〈あなた〉という人称的関係は、普遍性をもつのである。

「私」という主体性のありか

私が〈わたし〉として発話し語るとき、そこには語りのもつ、もっとも根源的な事柄が働き始めている。それは、私がみずからの中で差異化され、その二重化された私を私として引き受けていくという弁証法的（対話的）な力動である。そしてこの力動の中こそ、「私」はつねに新たに生まれていくのである。

バンヴェニストは言う。「〈わたし〉ということばは、語っている者を指し示すが、同時に、〈わたし〉に関する陳述にも関わってくる。〈わたし〉と言うとき、私は私について語らないわけにはいかない」[5]、「（私が〈わたし〉と言うとき）そこには分かちがたく二重化したひとつの発話事例(instance)がある。すなわち、指示対象としての〈わたし〉(je comme referent) という発話事例と、指示されたものとしての〈わたし〉(je comme référé) を含む談話という発話事例である」[6]（二五二頁）。すなわち、私が〈わたし〉と言うとき、それは必然的に二つの「私」を生じさせることになる。ひとつは、〈わたし〉という言葉で指し示される、発話者としての私である。もうひとつは、そこで展開される談話（discourse）の主語としての〈わたし〉であり、私に関する陳述が展開される。すなわち、私が〈わたし〉と言うとき、私は〈わたし〉について語るとともに、私は〈わたし〉であると宣言し続けているのである。

このように二重化する〈わたし〉の差異と同一性の中にこそ、「私」という主体（sujet）は存在する。〈わたし〉という言葉のもとに、私たちは泣いていた私と笑っている私を、昨日の私と未来の私を、見たり聴いたり考えたりする私を束ねることができる。そして、その〈わたし〉とは単なる体験の寄せ集めではない。体験を超え私の意識の永続性を保証する心的統一体なのだ。比喩的に言えば、それは、私をそこで構成していく器のようなものだと言ってもよい。そしてこの器は、私が〈わたし〉と言う行為によってこそ、この世に存在するものとなるのである。バンヴェニストの言葉を借りれば、主体性（subjectivité）とは「話し手が自身を主体（主語）として措定することのできる力」である。私の主体性とは、私が〈わたし〉と言うことのできる力のことなのである。

そして、ここで思い出さねばならないのは、私たちが〈わたし〉と言うことができるのは、〈あなた〉へ語りかけるときのみであるということである。〈あなた〉に出会い〈あなた〉に呼びかけるときのみ、私は〈わたし〉を手に入れ、新たな〈わたし〉と成ることができる。このように、私の主体性は、〈あなた〉と言える力のことでもあるのだ。智恵子という〈あなた〉への呼びかけのもとで、光太郎の〈わたし〉が今死んで今生まれ、私を乗り超え私を脱れて、ずんずんと〈わたし〉を作っていったように。

〈あなた〉の先行的存在

ところで、ブーバーとバンヴェニストは、〈わたし〉と〈あなた〉は二人称的な関係の中では相互に反転可能であると考えている。〈あなた〉に語りかけている私は、あなたの側からみれば、やはり〈あなた〉となる。〈わたし〉の語りかけが向かっているあなたは、あなたの側からみれば〈わたし〉である。このように、〈わたし〉と〈あなた〉は、お互いが反転可能なものとして、同時に表れてくる。こうした対称性こそが、二人称的関係の基礎をなしているものであるという。

しかし、このような反転を考えることができるのは、私たちが、その二人称的関係の外に立ってそれを対象化しているときのみである。人称の生成の機序を外側から分析的に見ると、たしかに〈あなた〉と〈わたし〉は同時発生的であり、反転可能である。そして、その反転ができてこそ、会話というものは可能となる。しかしながら、語りかけが生じるその瞬間という二人称的関係のただ中では、このような視点の交換はまだ現れてはこない。

私にとっての〈あなた〉が、あなたにとっては〈わたし〉であると理解できるのは、〈あなた〉の側からみた視点を想像的にもつことができて初めて可能となることである。すなわち、

〈あなた〉と〈わたし〉との関係を対象化して反省的に捉えるということを行わなければならない。こうした反省意識以前に、〈あなた〉への語りかける瞬間、そしてそれは〈わたし〉が生まれる瞬間でもあるのだが、そのただ中においては、〈あなた〉は絶対的に〈あなた〉としての位置にあるのである。

語りかけの瞬間には、〈あなた〉は〈わたし〉と反転不可能であり、絶対的な〈あなた〉である。そして〈あなた〉に呼びかけることではじめて私は〈わたし〉を手に入れることができるということからもわかるように、〈あなた〉は〈わたし〉よりも、存在論的に先行している。〈わたし〉がいるから〈あなた〉が生まれるのではない、〈あなた〉がいるからこそ〈わたし〉がこの世に生まれることができるのである。私が〈わたし〉という器を手に入れることができるのは、〈あなた〉という器があってこそなのである。

〈あなた〉が〈わたし〉よりも先行しているというこの事実は、心理療法における関係性の本質について考えるうえで、セラピストが常に考慮しておかねばならないことである。クライエントがセラピストのもとにやってくる。セラピストはクライエントに、時間と空間の差異化によって日常の生活時空の中に作り上げられた心理療法の場で、二人称的な関係の根源とでも言える関係性を生きるよう呼びかける。こうした二人称的関係を生きることでこそ、クライエントに（そしてセラピストにも）新たな〈わたし〉の生成の可能性が開かれるからである。クライエントは、セラピストという他者を〈あなた〉と措定し、みずからを〈わたし〉として語り出でる。こうした心理療法的関係の中で、クライエントの〈わたし〉はクライインエント自身を乗り超え脱れて、ずんずんと〈わたし〉を作り上げていく可能性に開かれる。このような関係性は、けっして特別なものではない。転移と呼ばれる事態の根本であり、あらゆる心理療法に通底して存在するものである。

しかし、クライエントとセラピストとが根源的な二人称を生きるということは、たちまちパラドクスを引きおこしてしまう。クライエントの〈わたし〉の生まれる瞬間に立ち会い〈わたし〉の軌跡を知っているのは、〈あなた〉としてのセラピストだけである。このように徹底的に大切な関係にありながら、セラピストといつも一緒に居られるわけではない。心理療法の時間は限られており、標準的には一週間のうちの一時間弱にすぎない。〈わたし〉は〈あなた〉に向けて語りかける一回一回の関係の中で新たに生まれるものであるのなら、セラピストとともにいるときでなければ、クライエントの〈わたし〉は生まれないことになってしまってもいいのであろうか。一週間のうち一時間のみが、クライエントが唯一〈わたし〉であることのできる時間であって、それ以外の時間は空蟬のように生きることが、果たして心理療法の望むことなのだろうか。

心理療法のプロセスの途上で、そのような二者関係の状態を通り抜けることは少なくない。だが、そのような状態は、原初的な融合的関係、あるいは母子一体感のような甘いイメージのものではない。そこでこそ、他者というものの根源的な姿が現れるのである。セラピストは、クライエントが欲している〈わたし〉を先取りした他者として現れてくる。なぜなら、セラピストという〈あなた〉の前でこそ、クライエントは〈わたし〉たりえるのだから。しかしそれがゆえに、心理療法の時間が終わり、セラピストと別れるとき、クライエントにとってそれは、身を引き剝がされるような瞬間となる。心理療法の時間の中でようやく手に入れた〈わたし〉を、根こそぎセラピストが剝ぎ取って持っていってしまうようなイメージでもある。これは、ラカンが示した乳児にとっての鏡像、あるいは、メラニー・クラインが示した、抑うつ態勢への移行過程で乳児に現れてくる母親（養育者）の姿のようなものであろう。

このような二者関係の状態をくぐり抜けようとしているとき、クライエントからは、面接の頻度を増やすことを求めてきたり、面接時間外の電話や電子メールが頻回にあったりすることもある。これは、アクティングアウトと、冷たい言葉で呼ぶべきようなものではなかろう。セラピストという〈あなた〉の前でようやく成立する〈わたし〉の主体性を求め回復しようとする、クライエントの必死の叫びであり、主体の尊厳をかけた行為である。

内在化される〈あなた〉

根源的な二人称的関係にあるとき、クライエントにとってセラピストは、アンビヴァレントな存在である。セラピストは、新しい〈わたし〉を与えてくれる、豊かな恵みをもたらす他者であると同時に、〈わたし〉を収奪しすべてを奪っていく他者でもあるのである。こうした関係性を生きていくことは、クライエントにとって（セラピストにとっても）、豊穣でありながらも先の見えない不安に支配された時間である。「この雨の音がむらがり起る生物のいのちのあらはれとなつて　いつも私を堪らなくおびやかすのです」と詠まれたように、私の力ではどうにもならない何かが進行していく事態におびえ、しかしそこに身を任さなければならない時間でもある。

　しかし、こうした根源的な二者関係を生きているときにこそ、セラピストはみずからが「死んでいく」ことを考え始めなければならない。クライエントに生まれつつある〈わたし〉が〈あなた〉としてのセラピストのものではなく、たしかにクライエント自身のものとなるということは、セラピストが不在のときでもクライエントが〈わたし〉を感じ取ることができるということである。そしてそれは、セラピストがいないところでも、クライエントが〈あなた〉へ向かって呼びかけ語りかけ、〈わたし〉を生成していくということである。クライエントがこころの中で〈あなた〉と言い続ける力をもつことなのである。この〈あなた〉はセラピストという小さな個人を超えて、もっと一般化された他者への呼びかけ、世界への信頼のようなものに等しい。セラピストは、クライエントにとって唯一無二の〈あなた〉として成立しながら、同時に、もっと大きな他者にみずからを譲り渡して「死んでいく」準備にとりかからなければならないのである。

　このことは、セラピストはクライエントにとって、「いる」存在ではなく、「ある」存在になっていくことでもあると言える。冒頭に引用した「人類の泉」という詩の中で、高村光太郎は「あなたがある」と繰り返していた。「わたしにはあなたがいる」という陳述と「わたしにはあなたがある」という陳述とを比べてみれば、その語感の違いは明らかであろう。あなたが「いる」ではなく「ある」ときにこそ、〈あなた〉という存在は、〈わたし〉がこころの中に保ち、つねに語りかける内的な対象となっていることが、見て取れるであろう。光太郎にとって智恵子という存在が内在化された対象となっているからこそ、智恵子への呼びかけは智恵子という個人を超え私たちの魂にとどく呼びかけとなり、そして智恵子からの光太郎への応答は、「人類の泉」として普遍性をもったのである。

　心理療法におけるリミットセッティングや倫理は、クライエントが内的な〈あなた〉という対象をもつに至れるよう誘うものである。この規範や倫理に従うことで、〈あなた〉への呼びかけは、セラピストという個人を超え、クライエント自身のこころの中という本来あるべき場所へ戻っていくのである。たとえば、クライエントが面接の頻度を増やすことや面接枠外での接触を求めてくるときこそ、その要求にすぐに応えてはならないことは、心理療法の規範のひとつである。ほんとうは、セラピストがそれにすぐに応えることのほうが、どれほどセラピストもクライエントも「安心」することか。しかし、ここでセラピストが無反省にクライエントの要求に応え、クライエントが欲しいものを与えてしまうことは、クライエントからもっと大切なものをセラピストが奪ってしまうことになる。クライエントが内的に想像的に〈あなた〉を保ち続け、それに語りかけようとしている努力をセラピストが横取りし、その場しのぎの救済に貶めてしまうのである。

あるいはそれとは逆に、クライエントが〈あなた〉を死に物狂いで求めてくるとき、セラピストはややもすれば否定的な感情をもってしまうかもしれない。そして、クライエントの必死の呼びかけを「アクティングアウト」や「枠破り」といった冷たい言葉で定義づけ、それへの「対策」を考えようとしてしまうかもしれない。しかし、このこともまた、クライエントが内的対象としての〈あなた〉を保とうとする努力を損ない、一貫した〈わたし〉を措定する能力を、壊してしまうであろう。

なぜなら、そのときセラピストは、クライエントの呼びかけの背後にある動機を見落とし、クライエントを一貫性のない断片化した存在として見なしてしまっているからである。セラピストのほうが、クライエントを〈あなた〉として一貫した対象として見ることを止めてしまっているのである。このときこそもっとも問われるのは、セラピストがクライエントを〈あなた〉と言い続けることができる能力である。言い換えれば、セラピスト自身の対象関係の能力が問われるのである。この内的な〈あなた〉としてのクライエント像に支えられてこそ、セラピストはクライエントに会い続けることができ、またそれが直接的に、クライエントが一貫した〈わたし〉を保つことにつながるのである。

「私」の歴史と出会うこと

ここで私たちは、最後に〈わたし〉の歴史のテーマに戻ろう。セラピストとの対話の中で、私の語るすべてが〈わたし〉に返されていくときにこそ、「私」の歴史（ヒストリー）が開かれはじめるのだと、前章で論じた。セラピストからの反射の中で、私は私の語りを〈わたし〉に関する発話だとして受け止め、それを語る発話主体としての〈わたし〉を宣言していく。語る〈わたし〉と語られる〈わたし〉の弁証法的な関係の中に、私は入っていくのである。そして、私にとって何が「歴史」として現れるのか、すなわち、〈わたし〉にとって何が現実性（リアリティ）をもつものとなるのかは、「私」自身の体系からは予測することはできないということも論じた。

このような「私」にとっての歴史は、いわゆる世界史のような歴史の綴り方とは根本的に異なる。一般に歴史とは、三人称的な視点から書かれるものである。その物語を綴る語り手が誰であれ、できるだけ同じ歴史が語られることが、歴史のリアリティ（現実性、真実性）を保証するものである。しかし、心理療法の中で現れてくる歴史は、語り手が自分自身について一人称で語るものであり、そこで語られることはその語り手によってしか語れないことである。この点、「私」の歴史は、通常の歴史とは根本的に構造が異なっている。

こうした一人称の歴史とは、けっして「それ」や「かれ」として対象化できないものである。

なぜなら、「私」という主体のありかは、私が〈わたし〉として語ること、すなわち〈わたし〉について語りつつ、〈わたし〉であることを一回一回の発話において宣言していくことであるからである。〈わたし〉が〈わたし〉のこととして語る事柄は、そのときそのとき、つねに新たなことである。〈わたし〉が「事実 fact」としては同じことを語るとしても、それは異なる「現実性・真実性 reality」として、そのつどそのつど現れてくるのである。

これは、心的現実（psychic reality）をこそ重視するということとは異なる。たとえ語られることが虚構であれ、こころが生み出した事象にこそ意味がある、とする態度ではない。こころが生み出した事柄のみを重視することからは、語りにおいて決定的に重要であった他者が抜け落ちてしまう。〈わたし〉の語りは、〈あなた〉を介してこそ可能であったように、〈わたし〉の語りは他者を通し、他者を反射したものでなければならない。心的現実それだけでは、語りでさえないのである。私の語りはむしろ、心的現実が破れるところからこそ生まれてくる。〈わたし〉の予想や想像を超えた、「他」なる事象に出会うとき、私たちは、それについて思いを巡らせ、その意味について考え始める。私の語りは、つねにそこから出発し、そこに立ち戻っていく。こうした「他なる出来事」を巡って私が考えることは、二人称の他者である〈あなた〉へと語りかけることにも似ている。〈わたし〉は、〈わたし〉という存在を超えた何か、つねに〈わたし〉に対して「何か」をもたらす事象へ呼びかけ、祈り、考え続けるのである。そのとき、「他なる出来事」はまさに、〈あなた〉として機能しているのである。

私の歴史とは、閉じられたものではなければ、完了したものでもない。つねに生成の途上にある。またそれは、けっして、私が語ったり作り出したりするものではない。私の物語、私の歴史とは、新しく生まれいづる〈わたし〉とともに、そのときそのとき私自身にとっては未知のものとして生まれ、私にもたらされるものなのである。この意味で、「私」の歴史は私にとって過去のものではない。「私」の今と未来に開かれたものである。私が「いま死んで、いま生まれていく」ことこそが、「私」の物語を綴っていくのである。

（1）高村光太郎「人類の泉」『智恵子抄』新潮文庫、一九五六年
（2）Buber, M.: *Ich und Du*, Insel-Verlag, 1923.（植田重雄訳『我と汝・対話』岩波文庫、一九七九年）
（3）Benveniste, E.: De la subjectivité dans la langage. *Problemes de linguistique generale*, 1: p.260, Gallimard, 1966.（拙訳）
（4）同二三〇頁
（5）同二二八頁
（6）同二五二頁

第12章
物語を生きる

神話のふるさとにて

夏も終わりに近づいてきたある日のこと、私は郷里からほど近い山間《やまあい》の小さな町に出かけていった。利用客もまばらな一輌編成のディーゼルカーに揺られ、奇岩景勝に満ちた川沿いの線路を進んでいく。始発の駅を出て一時間半。もうそろそろである。長いトンネルを抜けると、突然、目も眩むような高い鉄橋に出る。はるか眼下には深い峡谷が刻まれ、渓流が白く細く見える。目を上げればば、峨々《がが》たる威容の山並みが、静かに深い感動をもたらす。

ここは、古くから天孫降臨の地だと伝承されている場所である。雲のむらおこる峻厳な小高い山々に囲まれ、記紀や風土記にその名の見える場所が、あちこちに点在している。山間といえども不思議と豊かな湧水に恵まれ、古くから稲作が盛んであったという。しかし、人々の生活はけっして楽ではなく、肩を寄せ合うようにつつましい生活を送ってきた。そして、毎年稔りの時期になると夜神楽を奉じ、代々に伝えてきたのである。

猿田彦と鈿女《うずめ》とが結ばれたのを祝したという荒立の宮、瓊々杵尊《ににぎのみこと》が天下ったといわれる久志《くし》布流《ふる》の峰を訪ねた後、私が向かったのは高天原《たかまがはら》遥拝所と伝えられている場所である。天孫族たちはそこに集い、自分たちの故郷である高天原を懐かしんで遥拝したという。樹齢千年以上はあろうかと思われる巨大な杉の立ち並ぶ山道を分け入っていく。杉木立の中はひんやりとして、心地よい香に満ちている。やがて道は次第に険しくなり、初秋のひんやりした空気の中にも、さすがに汗ばむようになってくる。あまり人の踏んだ形跡のない細い山道の草をかき分けて歩いていく。

やがて視界が開け、見晴らしのよい平らかな場所に出る。ここが高天原遥拝所と言われる場所である。粗末な木の鳥居と小さな石の祠が祀ってある。祠をよく見ようと近づいていていった私の目に、突然、赤や青の色彩が飛びこんできた。地元の人々が供える御神酒と榊とともに、いったい誰が供えたのだろうか、テレビゲームのソフトがひとつ供えてあった。参拝する人もあまりなく、落ち葉に埋もれるようにひっそり佇む苔むした粗末な石の祠と、真新しい鮮やかな表紙絵のゲームソフトとは、まぶしいほどのコントラストをなし、軽い目眩を覚えるほどであった。

それは、日本の神話に題材をとったロールプレイングゲームであった。いったい誰がどんな思いを託して、ここに供えたのだろうか。ゲームの内容こそ詳しくは知らないが、そこには高天原も舞台として登場するだろうことは、想像に難くない。そして、このゲームを供えたプレイヤーは、電子ゲームの中で生きた物語を、この神話と伝説の里の物語に結びつけ、何がしかの思いを託して、ここに祀ったのであろう。私のこころの中には、現代においてコスモロジーがいかに打ち立てられていくのかということについて、思いが巡り始めた。

神話とミュトスの渇望

天下無比の景観を供する渓流沿いのその路線は、その後大きな台風の被害により至るところ土砂に埋まり軌条は流され、すでに廃線となってしまった。今では所々にうち捨てられたように残る橋脚が、かつてそこに鉄道があったことを偲ばせるのみである。しかしながら、その鄙びた土地に伝わる祭りと伝説は変わることなく残り、今でも多くの人々を魅了し続けている。

大都市は華々しく再開発され変貌し、新しくなった街へと多くの人々が集まる。その一方で、いつ行っても変わり映えしない、鄙びた場所が人々を魅了するのはなぜだろう。テレビや映画では、新しい物語が次々と生み出される一方で、昔から変わりのない、すでに知っているはずの物語が、私たちのこころを捉えるのはなぜだろう。

神話が人々のこころを捉えるようになって久しい。ご当地グルメや名所旧跡を巡る旅はずっと以前からあったが、神話や伝承の地を巡る旅も人気を呼ぶようになり、観光ガイドブックにも神話についての記述がいつのまにか増えてきた。実際、私の郷里に近い山間の町の名前も、あちこちで頻繁に見聞きするようになった。各地の神社や聖地、信仰の地を巡る旅を続ける人も多い。そして何よりも、Ｗｅｂ上を歩けば、神話に関連するサイトが数多く存在することに驚くであろう。また、神話にモチーフをとったゲームやコミックも、次々と発行されている。

心理療法に訪れる子どもたちの中にも、神話とりわけ日本の神話に興味をもっている者は多い。日本神話の世界にどっぷりと浸って、自分自身や自分の身の回りのことを、神話の世界観で意味づけている子どもに出会ったこともある。こうした子どもたちが神話に触れるのは、多くの場合は電子ゲームやコミックなどを通してである。もちろん、そこに展開される物語は、神話に題材をとったものではあれ、神話そのものではない。しかし、なぜ他の物語ではなく神話を題材としたものに惹かれるのかは、考えてみるに値するであろう。

かつて日本の神話は軍国主義のために利用され、曲解された狂気じみた物語に多くの若者が身を賭し、命を失った。また、その物語にとり憑かれた歪んだ力が、日本の近隣諸国を蹂躙していった。私たちも近隣諸国の人々も、まだまだそのときの傷は癒えていない。神話について語ることは長い間タブーであり、日本の神話は封印されていた。そこから時間が経ってタブーが解けてきたから神話が見直されているのだという消極的な理由ではない。多くの人々が神話を求めているということには、もっと積極的な理由があると思われる。それは、自分が生きる拠り所となるコスモロジー（世界観）を求めようとしているからではなかろうか。

神話（myth）が他の物語と異なるのは、それが人の生命や世界の起源について語り、コスモロジーと直結している点である。この場合の神話とは、人格化された神々の物語や英雄譚のことではない。正確にはギリシア語のミュトス（mythos）と言ったほうがよいかもしれない。ミュトスとは、それぞれの民族が、自分たちの生命や世界の始源を物語で表現しようとするその営みそのものも、あるいはその物語のことである。ミュトスは神話（myth）の語源であり、神話を包摂しているものである[1]。人格化された神々が登場する神話は、ミュトスの一部にすぎない。

メディアの変容とミュトスの喪失

私たちが今、神話を求めるのは、私たちがミュトスを失ってしまっていることと無関係ではないであろう。ミュトス、すなわち私たちが生きる物語の喪失については、多くの論者がすでに述べるところである。たとえば河合[2]は、近代科学的な世界観が主流になってしまった結果、私たちは物語を失ってしまったと指摘する。近代科学は、世界を「私」から切り離して主観的な意味づけを剝ぎ取り、誰にでも等しく同じ意味をもつ客観的な対象とする。私の関与を取り去ってしまった世界は、豊かな色合いを失ってしまった。ここにおいて、私にとっての意味づけというものをふたたび重視し、物語が着目されるようになってきたというのである。

しかし、ミュトスが失われていく過程は、実は河合が指摘したよりも、もっと長期にわたり複雑である。それは、近代に始まったのではない。私たち人間のメディア発達の歴史の中に、すなわち文明の歴史の根本に深く食い込みつつ、実に長い時間をかけて進行してきたものである。

ミュトスが失われ始めたのは、文字が発明され、口承文化に書字文化が裂け目をもたらした時代にまで遡ることができよう。無文字の口承文化の時代、人々は自分たちや世界の始源の物語を語り継いでいった。自分たちの根拠や祖霊とのつながりを断ち切らぬよう、注意深く反復され伝えられてきた。こうした神話は太古からの物語として語り継がれる一方で、口承の必然として、あるいは語られるときの状況や部族の集団的な無意識を引き受けながら、そのときどきの新たな要素や変容を加え生まれ変わってきた。たとえば、部族に襲いかかった大きな災難や異文化との接触など、部族のアイデンティティを揺るがすような大きな出来事は、必然的に物語に影響を与えざるをえなかった。なぜなら物語は太古からの物語であると同時に、いつも「今の私たち」を説明する必然性を持っていたからである。

しかし、そうしたミュトスが文字によって書き留められテクストとなると、それはとたんに生成の力を失ってしまう。たとえば、ギリシャ神話を例にとってみよう。私たちが現在知るギリシャ神話は、ヘシオドスとホメロスの集成のおかげである。この集成は、散逸し消滅する神話を後世に残す偉業ではあったが、同時に神話の生命を絶つ行為でもあった。子音と母音をもつギリシャアルファベットは、口承をそのまま書き留め正確に再現できるようにした世界最初の表記法である。もはや、神話は注意深く語り継ぐ必要はない。また、神話は変容を受けることはなくなり、ヘシオドスとホメロスの取捨選択と脚色を伴ったテクストが「神話」となってしまった。あとはもっぱらその解釈によって時代時代の必然性を、細々と反映させるしかなくなったのである。

とはいえ、書字文化がまだまだ一部の特権的な人々のものでしかないあいだは、口承はまだまだ消えてしまったわけではなく、民話や伝承として残っていた。しかし、それらはもはや世界や私の成り立ちについて語ることはできなかった。世界はどのように始まったのか、私たち人間がなぜ存在するのか、なぜ人間は死すべき存在で、男女の両性があるのか、世界に存在する動植物はどのようにして生まれたのかといった、かつて神話が語り継いだことは、次第にキリスト教の世界観が回収し説明するようになり、それ以外のミュトスは邪教として排斥や弾圧の対象となっていった。

やがて活版印刷の登場によって書字文化が急速に広まっていくと、私たちが何者であるのかということを語る「神話」は、「私の物語」として普遍的理性をもつと仮定された私自身が語り綴っていくものに取って代わった。読書や作文によって鍛えた内面によって、私が私自身にリフレクティヴ（反省的）に語りかけ、唯一無二の私がどのように形成されてきたのかを、ストーリー（ヒストリー）として綴るようになっていったのである。そしてちょうどその頃、世界の開闢を語るミュトスは、近代科学的な世界観にとって変わったのである。

先に河合が指摘していたように、近代科学そのものが私たちから物語を失わせてしまっていたかというと、実はそうではない。世界の始まりや人間や動植物の成り立ちについての物語は、科学が語るようになったのである。また近代科学は、災害や病から人々を解放し、宇宙にまで人間の環境圏を拡大し、世の中を明るく照らし便利にしていくことで、人類の成長という神話を提供していたのだとも言える。

現代の物語の喪失

私たちの世界観と自己を根本から支えるようなミュトスは、歴史の早いうちに失われてしまっていた。そして、それが失われた後、近代という時代は、「私」の成り立ちについてはリテラシー（読み書きの能力）によって、そして世界の成り立ちについては科学によって語ってきた。しかし、今はこのような両者の物語さえもが、危機的な状況にある。

電子メディアという新たな環境が出現したことが、「私」という物語に大きな変化をもたらしつつあることは、これまでも本書で何度か言及してきたことである。映像と音声を主体とし、リフレクション（反省）よりも即座のリアクション（反応）を要請する電子メディアは、近代を通じて私たちが書字文化を通して鍛えてきた内面という構築物を揺るがし、言語によって「私」をヒストリーとして綴り構成することを難しくする。「私」は、食べたものや見た景色の映像の断片の集積であり、短い呟きの集積となる。これに加えて、電子メディアが構成するリアリティの浸透によって、私が私として責任をもって生きる領域の境界が定めにくくなっている。生きる現実が多層化し断片化した状況では、私と世界とに関する物語を確立することは、途方もなく難しくなっている。

そして一方で今や、科学技術の進展そのものが、世界に対する物語を失わせつつある。私たちは科学によって語りえない暗い部分に直面するようになってしまった。それは、環境破壊といった科学技術の負の側面を意味するだけではない。たとえば、コンピュータをはじめ私たちを取り巻く機器は、すさまじく進歩し複雑化し、素人にはまったく手に負えない代物となっている。科学技術が称揚されていた時代は、むしろ私たちを取り巻く機器は単純で、テレビやラジオのある程度の修理なら自分でもできていた。しかし今や私たちを取り巻く機器は、ほとんどの人々にとって文字どおりブラックボックスである。世界の謎を解明し世界を明るみのもとに照らす目的であった技術の進歩そのものが、世界に謎と闇を作り出してしまったという逆説的な結果がもたらされたのである。(3)

新たな自己の物語を求めて

このように世界を語る物語と自己を語る物語が何重にも失われている中から、「私」の物語を、そしてミュトスを回復しようとする試みはいくつか見られるものの、それはいまだほんとうの解決には至っていないと思われる。

たとえばインターネット上には、かつての部族社会のように特定の「神話」を共有するコミュニティが多数存在し、それがその成員のよりどころ、自分自身を確認する場所となっている。ある価値観やテーゼに共鳴する人々や、特定の興味や嗜好、さらには特定の言語体系をもった人々が構成する集団である。そこに異なる価値観の者は入れないか、入ったとしても激しく排斥される排他的な集団も少なくない。

この点、インターネットは、かつてマクルーハン（McLuhan, M.）が夢見たグローバル・ヴィレッジ[4]のような、社会理想を実現するものではない。たしかに可能性としては、電子ネットワークは異なる価値観や文化をもつ人々との交流を開きうるかもしれない。しかしそれはあくまでも可能性にすぎず、現実に生じていることとは異なる。現実はむしろ対極に、相互に乗り入れることのほとんどない、特定の価値体系や文化をもつ人々の小さなコミュニティが多数生じるという、新しい形のローカリズムがもたらされているのである。

こうしたサイバー・ローカリズムは、けっして私が生きる現実がいかなるものであるのか答えてはくれない。なぜなら、それは、私が生きる世界の一部でしかありえず、さらにいえばそうしたローカリティへの退却でしかないからである。その世界をいったん離れてしまえば、私の生きるアクチュアリティの闇は、依然として残り続けるのである。

また、電子メディア社会によって切れ切れになり拡散しつつある「私」は、これまでのリテラシーとは異なった仕方で綴られようとしている。スマートフォンがまだそれほど普及していなかったときは、友人と写ったシール形式の写真（プリクラ）を、手帳やスケジュール帳に隙間なく貼ることが、若者（とりわけ女性）のあいだで流行していた。そしてスマートフォンが定着した現在は、SNSのネットワークが、まさにつながりの中にある「私」を構成する新たなあり方である。唯一無二の私として、人の交わりから離れてプライベートになることで「私」を確認するのではなく、他者との関係の中にあるときこそ、それは「私」であり、「私」はその関係性の集合体として規定されるのである。スマートフォンを紛失した、置き忘れたりしたとき、あるいはそれが故障したりしたとき、まるで自己そのものが崩壊したかのような感覚さえ、私たちはもつようになった。

近年急速に増えた、シンボルのような落書きも、新しく自己を構成しようという努力の現れであるかもしれない。かつての落書きは、人生の中のまさにその時点に、その場所にいるということを、拙い方法で日付とともに名前を刻んだものであった。あるいは、バイクで命を賭すような暴走を仲間と共有することで自分という感覚を取り戻した青年たちが「〇〇参上」とスプレーで記す落書きも、自分が今その場所にいるということの記念碑的な実感の表明であった。しかし、こうした類の落書きは、最近ではほとんどお目にかからなくなった。代わりに、サインやシンボルのようなものをスプレーで至るところに書き散らす類の落書きが目立つようになっている。この手の落書きは、どこにいつ書くかという「私」の歴史と結びついているわけでなく、いつどこ

であってもかまわない。私が仮初めにでも通りすぎていった場所に自己の痕跡を残していくのである。(5)

現代の神話の危険性

現在、神話に多くの人々が魅了されるのは、そうした私と世界との物語を回復しようとするムーヴメントのひとつであることとは、間違いなかろう。神話とは、私とは何であるかということと同時に、世界とは何か、私と世界との結びつきは何であるかを語ってくれる点で、特権的な物語である。しかしながら、そうした重要な物語であるがゆえに、大きな罠が潜むこともある。

多くの場合子どもたちが初めて神話に接するきっかけとなる電子ゲームは、神話にモチーフを求め題材をとりつつも、それを現代の状況設定とつなげたり、現代風にアレンジしたりしている。これはある意味、今の物語を生成するミュトスとしての本来の役割を果たしているようにも見える。多くの人を引きつける物語は、当初はたしかに現代の若者たちが生きる世界の本質を言い当てている場合がある。だが、それがいわゆる「売れ筋」となると、次第に本質的でない作話を重ね、あざといマイナーチェンジの物語を重ねていくことも多い。こうして次々と発売される電子ゲームやコミックが提供する擬似的なミュトスの世界に絡めとられ、新作が出るたびに多くのお金をつぎ込んでしまい、なかなかそこを抜け出せないこともある。実際に心理療法の中で、せっかくその子ども自身の物語が生まれ始めるような動きが生じても、こうした「与えられる物語」に乗っ取られてしまい、自らの物語の生成が止まってしまう例を見ることも少なくない。

与えられた物語の中に生きるということは、ミュトスの知の本質ではない。ミュトスとは、あくまでも自分が生きている日々の現実を説明しようとする営みである。すなわち、アクチュアリティを無視して、別のリアリティを生きてしまうことは、本来のミュトスではないのである。語り継がれてきた神話は、そのときどきの語られる文脈の必然性を受け止めたからこそ、過去からの連続した私や私たちを語る物語であると同時に、今の私たちとそれを取り巻く世界を語ってくれるものであった。私たちが私たちの生きる世界のアクチュアリティとの緊密な結びつきの中からこそ、神話を生成していかねばならないのである。

日常生活の閉塞

しばしば、神話の知の重要性が説かれるとき、「個人神話」をもつことが今の私たちにとって重要だというようなことが言われる。しかしこれは、神話の本質を見落としている。神話学者のエリアーデによれば、神話が今なお生きている社会では、神話はその共同体の通過儀礼を受けていない者の前では暗唱されないという。[6] ましてや、外部の者にはけっして語られない。神話は真実の物語として、寓話から厳しく区別される。起源神話を知るということは、自分たちや動物や植物の根本の秘密を知るということであり、それに対する呪術的な力を手に入れることである。もし、外部の者が自分たちの根拠や世の開闢の秘密を解きあかす神話を知ってしまったなら、その者は自分たちに禍事《まがごと》をする力を手に入れたことになるのだ。これは逆に言えば、神話を語り聞かされる者たちは、その共同体に対する大きな責任と義務を引き受けることを意味するのである。神話すなわちミュトスとは、個人の探求のすえに見えてくるようなものではなく、共同体への参与ということがどうしても必要なものなのである。

このことは、私たちが神話を得ることができるのは、私たちの日常生活から離脱したときではなく、まさに日常を生きることそのものの中においてこそ可能であるということを意味する。日常生活の中で、私の成り立ちや世界の成り立ちを問いかけ、それに応えてくれるようなアクチュアルなつながりが必要なのである。しかしながら、今や私たちの日常生活からは、私と世界の結びつきを示してくれるようなアクチュアリティが失われていっていることに気づかざるをえない。

たとえば、「食」について考えてみよう。いかなる民族でも必ず、食に関する神話・伝説と祭祀をもっていることからもわかるように、「食」はもっとも端的に私たちを世界と結びつけるものである。食べるということは、世界を私の内側に入れることであり、世界とつながることである。それぞれの土地は、それぞれの気候風土と結びつき、特色のある食を発達させてきた。それは、その土地でとれた食材を使い、あるいは海と山の産物の交換のあとが刻まれて、レヴィ＝ストロースが明らかにしたように、世界を秩序化していくものであり、コスモロジーそのもののであった。

しかし現在、私たちは「食」を通してどれだけ世界と結びつくことができるであろうか。自分たちが食べている野菜や肉が、どこでどのように育ったものなのか、私たちはほとんど知ることができない。近くの畑で育っていくさまを見たり自分で育てたりした野菜を食べるときや、ときには今まで畑で遊んでいた鶏が絞められて食卓に供されるときに感じる、あの強烈なアクチュアルな体験をするべくもない。しかも、現在では季節にかかわらず、ほとんどの食材が一年じゅう手に入る。旬の食材から、季節のリズムや時間の感覚を感じ取ることさえ難しくなっている。「食べる」という行為は、「食う」という行為に限りなく近くなる。空腹を単に生理的に満たすだけの行為となり、私と世界が結びつくアクチュアリティを感じることは、すっかり背景に退いてしまった。グルメブームとは、単に食の愉しみを求めるものではなく、満たされない食のアクチュアリティを求め続けようとする動きなのかもしれない。

私たちが世界への責任とつながりに開かれつつも、私自身であるという感覚を、私たちは今でもほんとうにもつことができるのであろうか。おそらくそれは、個人の内面の探求のみでなく、私たちが共同体をどのように再生していくかという大きな課題ともつながっているであろう。それに応えていくことも日常性を視野に入れた心理療法の重要な役割である。

(1) ミュトスも神話も両者とも、英語ではmyth（フランス語ではmythe）として同じ言葉であり、区別されていない。すなわち、myth という言葉は、必ずしも「神々の」物語というわけではなく、古くから人々が自分たちや世界の成り立ちや意味を説明するために生成・伝承してきた物語というニュアンスである。しかし、日本では myth の訳語に神話という言葉が当てはめられてしまうため、myth のもつその豊かな意味合いが失われてしまっている。

（2）河合隼雄『神話と日本人の心』岩波書店、一一一―一一三頁、二〇〇三年

（3）子どもの理科離れや科学的知識の欠如が最近取り沙汰されているが、これは、科学技術が極端に進歩した社会においては、むしろ必然の帰結である。身の周りがブラックスボックス化してしまえば、世界の仕組みを知り探求していこうという意欲は、当然のことながら失われてしまう。

（4）メディアと人間の心性について論じたマクルーハンは、電子メディアの発達の末に到来する世界を、世界中の成員が結びつき相互にコミュニケーションをおこない、相互理解と相互協同による知恵の創出をおこなうグローバル・ヴィレッジ（地球村）を夢想した。

（5）実際、この類の落書きは、電子メディア化された世界のあちらこちらで同時的に生じている。アメリカではもちろんのこと、ヨーロッパでも日常化している。たとえば、イタリアやフランスなどの地下鉄の窓は、この種の落書きで埋めつくされている。筆者がたびたび訪れ、しばらく滞在もしていたメキシコでも、まさに電子メディアの普及に呼応するかのように訪れるたびに増加していくのを体験した。

（6）M・エリアーデ「神話―定義へのアプローチ」イヴ・ボンヌフォワ編（金光仁三郎他訳）『世界神話大事典』大修館書店、四―六頁、二〇〇一年

第13章
新たなコスモロジー

グラウンド・ゼロに立つ

その日私は、朝早くに宿を発った。この短いニューヨーク滞在のあいだに、どうしても訪ねておきたい場所があったのである。それはむしろ、そこに行かなければならないという確信のようなものでもあった。

迷路のように入り組んだ暗く薄汚れた地下鉄の乗換駅を経て、マンハッタン先端へと向かう電車に乗った。目的の駅で降り出口へと向かうと、次第に人の流れが大きくなる。誰もが同じ場所を訪れるために集ってきている。私の前には、修学旅行の高校生だろうか、五人の若者が無邪気にふざけ合いながら、目的の地へと向かっていた。

階段を上がりきって地上に出たとき、高校生の一団は急に静まりかえり言葉をなくす。フェンス越しに、そこには巨大な更地が現れる。いやそれは更地ではない。摩天楼のそびえ立つ真ん中に突然に出現する、途方もない深い傷跡である。その前では、誰もが言葉を失い、深い沈黙がそこを支配している。「あの日」の報道写真集を販売する、南米人の物売りの声だけが、どこか遠い世界からやってくるように聞こえてくるだけである。

想像していたよりも、はるかに広いこの場所の、周囲の建物に残る傷跡。修復されないまま、すでに店をたたんでしまったアジア料理店の建物が、その日の破壊のすさまじさを伝えている。林のようにそびえ立つ摩天楼の真ん中に、ぽっかり開いた地面と青い空。その空を、あの日と同じように、近くの空港を発着する飛行機が、ビルにぶつかりそうなくらい低く飛ぶ。そのたびに、テレビで繰り返し見せつけられた映像が、否応なしに頭の中を駆けめぐり、呼吸が苦しくなる。

いまだ行方のわからない人も含め、まさにこの場所で三〇〇〇人近くの人々が命を落としたという。いくらここが巨大な場所であるといえ、その死の密度には圧倒されざるをえない。そしてその死は、単なる数ではない。ひとつひとつの死に、計り知れないほどの重みと絶望とがある。あの日の悲しみは、遺された人々からも私たちからも、拭い去られることはないであろう。

しかしどういうわけだろう、この深い傷跡の土地に吹く清浄な風は。私たちが生きていくうえで大切にすべきものを大切にして生きていかねばならないということ、そうしたことが直観としてこころに響いてくる。誤解を恐れずに言えば、無数の摩天楼の真ん中に、ぽっかりと空いたこの場所は、ニューヨークに、いや私たちにとってなければならない場所だ、そういう思いが、私のこころの中に巡りはじめていた。

ここから道路ひとつ隔てたところに、小さな教会がある。ニューイングランドへの入植時代以来の、歴史ある教会であるという。摩天楼がそびえ立っていたとき、この教会に見向きする人は、ほとんどなかったことであろう。瓦解したビルのすぐ向かいにありながら、ほとんど損傷もなかったというこの教会は、救助活動にあたった消防士たちが寝泊まりした場所でもある。そして今、この教会に託して多くの人が祈りを捧げている。フェンスには無数にメッセージや花が添えられ、その前で涙ぐみ祈る人々。政府が、空白の土地の中に用意した追悼の場所よりも、こちらのほうが明らかに、人々の祈りと気持ちを集めている。さながらそこは、ニューヨークの中の、ひとつの聖地となっていた。

それからちょうど一〇年後、私は東北のとある町の沿岸部にいた。避難生活を余儀なくされている方たちのお手伝いの合間を縫って、列車が行き止まる駅に降り立ったのである。ほとんどの店がシャッターを下ろし土埃にまみれた小さな商店街を抜け、沿岸部に向けて歩いていく。かつては生活があった場所だろうが、住人らしき人には誰一人にも出会わず、除染作業の音だけが遠くから響いてくる。車通りも少ない大きな幹線道路を渡ると、そこから巨大な「更地」が広がる。

すでに草が生い茂り始めたその場所には、いったいそれが何であったのかもはや形をなくしたさまざまな色の断片が、土に埋もれながら散らばっている。その中にときどき、形を残した日常の生活の品々が顔を覗かせ、そのひとつひとつが失われた生活のアクチュアリティの意味を強烈に放っていた。たどたどしい字で名前が書かれたリコーダーを私は凝視することができなかった。道路の痕跡に沿って歩めど歩めど目に映る景色は変わらず、外から見ていたよりもずっと広い場所であることがわかる。誰もいず、何の動物もいず、ただただ静かである。すぐ近くに海があるはずなのに、波音もほとんど聞こえない。何もかが掻き乱され押し流されてしまった場所の中に、どういうわけか所々、まるで何もなかったかのように無傷の家が残されている。しかし、生活の跡もそのままで無人となってしまったその家は、むしろこの場所で失われた生活の不在と無を強調していた。私のこころの中では、今目の前にあるリアリティが、かつてグラウンド・ゼロに降り立ったときの記憶と響き合っていた。

混沌から生まれる象徴と物語

かつては世界一の高さを誇る二本のビルがそびえ立っていた場所、そして今は、もっとも悲しみと祈りとが集まる場所のひとつとなった破壊の場所。ニューヨークの巨大な空白の地には、今では、二つの崩壊したビルの不在を表象する深い「穴」が記念碑として整備されているとともに、新たな摩天楼がそびえたっている。テロに対するアメリカの不屈の精神を示すとともに、人々があの日の出来事を偲び追悼するための場所として、ベルリンのユダヤ博物館をデザインした建築家、ダニエル・リーベスキントの構想によるその建物は、ねじれるように空を目指している。

それはたしかに、人々が集まりあの日のことをこころに刻み、忘れず語りついでいくための象徴として必要なものであろう。そうしなければ、そのときの記憶は私たちのあいだから次第に忘却され、風化していくであろう。再開発がなければ、その巨大な傷ついた跡地は、次第にすさんでいったであろう。しかしながら、傷と不在を記憶として意味づけて形にした後には、私たちはすでに語られたものをなぞり、同じように語るしかなくなる。あらゆる意味作用を飲み込んでしまう巨大な無を前にして、みずからが語りを編み出していく圧倒的な要請というものは、薄くなってしまう。すべてが失われたところから、何かを自分で作り上げようと決意し、ひたすらに祈り考えるしかなかった現実からは遠ざかってしまう。すでにそれが語られてしまったがゆえに、逆説的に私たちは「あの日」の現実から遠ざかってしまうのである。

人間にとって、ほんとうに意味ある象徴が生まれるのは、私たちが自分自身で現実と抗うときである。圧倒的な力で私たちを脅かし、不気味なものとして繰り返し私たちに到来する現実に私たちが向かい合うとき、私たちは混沌と秩序のその狭間に、ひとつの象徴を生み出す。その象徴は、私たちにとって必然的なものであり、私たちが現実にかかわっていくことを可能にするのである。私たちはその象徴を得ることによって、現実そのものの混沌に振り回されることはなくなる。しかしそれは、もはや私たちが現実とは生の形では出会えなくなるということでもある。私たちは、「現実にはかかわれない」という形でしか、現実にはかかわることができないのである。

そうした意味でも、象徴が象徴としての本来の力を持ち続けるのは、つねに現実が象徴を超え、象徴を脅かすときである。現実のもつ混沌の力から離れてしまった象徴は、もはや記号でしかないであろう。象徴は、それが生まれた瞬間にこそ、本来の力と意味がある。そしてそれが象徴として本来の力と意味を持ち続けるのは、それが現実との接触を絶やさず、その界面において、つねに新たに更新され続けていくときのみである。その象徴の向こう側に、埋めようのない修復しようのない傷があることを想うときのみである。

象徴と同じく物語も、私たちが不分明の現実の混沌に抗うときに、必然的に生まれてくるものである。その意味では象徴も物語も、自我（私）によって自由に選べたり加工できたりする類のものではない。すなわち〈私〉が語ったり表現したりするものではない。それらは、〈私〉に到来し、〈私〉のほうがそれによって顕され語られるものなのである。心理療法とは、そうした象徴や物語がクライエントに到来することに寄り添っていく。けっして、クライエントにできあいの象徴や物語を提供するものではない。もちろん、どうしようもなく混沌の力が強いとき、そのような仮の象徴や物語の助けが必要となる場合もあろう。しかし、そのような象徴や物語は、一時しのぎでしかない。心理療法における解釈も、そのようなものである。クライエントが、現実の混沌に向かうためのひとつの灯明とはなりうる。しかし、灯明自体が探すべき当の目的のもののではない。それをもとにしつつ、自分自身の象徴と物語との出会いに向かって混沌の闇の中を歩き続けるという、受動的でありながらもきわめて能動的な営みを始めなければならないのである。

こうして必然的なところから到来してくる象徴や物語というものは、実にすばらしい力をもつものである。それは、プレイセラピーの中で子どもが示すものである場合もあれば、夢を通して生まれてくることもある。また、自分の人生史や過去の出来事を語る〈かたり〉として生まれてくる場合もある。いずれにしても、そうした物語や象徴がもたらされたとき、〈私〉の歴史が光に照らされる。しかし、こうした象徴や物語が出現するのは、実際の心理療法の過程の中では、ごく限られている。決定的な瞬間（出会い）が到来するまで、道筋のわからない不安な時間を抱えていくことのほうが、ずっと長い。そしてもたらされる象徴や物語の重みと力は、その不安な時間の重みに比例するものである。

記号化していく象徴

こうした象徴や物語のもつ力が、現代では次第に弱くなってきているように思われる。プレイセラピーにおいて子どもたちが示す物語には、ゲームやコミックの物語をなぞるものが増えてきた。そうでなければ、混沌としてなかなか物語が生まれない事例が多い。さすがに、単純に既存のヒーローやヒロインに自分をなぞらえるだけというものは少ないが、それらのキャラクターが登場するとき、知らず知らずのうちに既存の物語に絡めとられていってしまう。また、青年や成人においては、巷に氾濫する「心理学的」な用語や診断、解釈をあてはめて自分を語るがゆえに、なかなか自分自身の象徴や物語が到来しない事例も多い。

もちろん、そのような物語や象徴も、頭から否定されるべきものではない。借りものの物語であっても、それによって、語れなかったものを語る言葉を得たということは貴重である。実際、「既存の物語」あるいは「既存の象徴」は、いつの時代にもあった。たとえば近代以前までは、それによって、部族社会そしてその共同体の成員のアイデンティティを語る、物語と象徴が強力にあった。しかし、現在私たちの社会に氾濫している物語や象徴は、その構造と役割が、アイデンティティを語っていた物語とは、まったく逆転してしまっていることに留意しなければなるまい。

部族社会で物語が語られていたとき、それは圧倒的な混沌を前に対して、それに向かい合っていくための、祈りとしての物語であった。放っておけば自然の混沌の中に飲み込まれてしまう状態を脱け、かろうじて人間としての象徴秩序を組み立てるとき、あるいは生活の見通しが効かず、度重なる破壊の力に飲み込まれそうになるとき、必死で摑んでいる激流の中の杭のような物語であり象徴であった。それは、闇や無意識、混沌に抗するための物語であったのである。

対して現在氾濫している物語は、闇や無意識といったものをあらわにしようとする物語である。見通しが効き、安全の保証された退屈な日常の中に、混沌をもたらそうとする物語である。逆説的であり、当然のことでもあるのだが、そのようにして語られる闇や無意識とは、もはや闇でも無意識でもない。三歳の子どもでも今や「闇」という言葉を口にするが、それは、そのように語られた記号にすぎず、闇や無意識という名前をもつ「秩序」にすぎない。こうして記号によって語られてしまうことは、私たちが混沌という現実に触れ、その手触りから象徴や物語が生まれてくることを隠蔽する。そして現実の世界は、ほんとうには向かい合われないまま、不気味なものとして残り続けるのである。

レディ・メイドの象徴と物語の氾濫は、今や心理療法の空間も覆い尽くしつつある。たとえば、遊戯療法をおこなうためのプレイルーム。それは、子どもたちがイマジネーションを最大限に働かせ、みずからが生きる世界に象徴と物語がもたらされるのを待つ場であった。個別の歴史性をもつそれぞれの子どもに、それぞれの歴史と未来を照らすための物語がもたらされるためには、そうした場は必然的にイマジネーションが展開していくのを邪魔しないような、多義的な意味づけが可能となる場であることが要求されよう。しかし今やそこは、ひとつの木切れが飛行機にもなりロボットにもなったような、イマジネーションが働く場であり続けることは難しくなってしまった。使い方の決まった玩具が満ちあふれ、ボタンを押せば派手なメロディが流れる(1)。すでに性格を付与された、絵本やテレビでなじみのキャラクター商品が並んでいる。プレイルームは今や、想像力の入り込む隙間もないほど、記号的な日常そのもので埋めつくされてしまっている。ここに典型的に示されているように、記号化してしまった世界の中で、私たちには、物語と象徴がもたらされる可能性というものは残されているのであろうか。

コスモロジーの喪失と神経症的努力

コスモロジーの喪失が言われるようになって久しい。それは世界と私たちとの緊密な結びつき、私たちの世界に対する意味づけが失われたことによるものであると言われる。しかしながら、そもそもコスモロジーというものは、私たちがコスモス(宇宙の秩序)に包まれているという実感をもっているときには、わざわざ対象化して語られることはない。それを失いコスモスから追放されたときに、コスモロジーは意識され語られるのである。

何かを語ろうとする物語があふれているのに、コスモロジーが失われているというのは、皮肉なことである。いや失われているからこそ、何かを必死で私たちは語ろうとし、意味づけようとしているのであろう。しかし、その意味づけ方は、神経症的な意味づけ方である。自分や世界を意味づけてくれる物語はないものかと、必死で探し続ける。あるいは、さまざま物語を断片的に取り入れて、その場その場での自分を生きていく。一見、軽やかに、「物語探し」を楽しんでいるようであっても、そのすぐ裏には、虚無的な深淵がぽっかりと大きな穴をあけている。次々と摩天楼を築き上げようとするその真ん中に、ぽっかりと巨大な無があるように。引きこもりやニートと呼ばれる若者たちは、どんな物語やモデルで自分たちを規定しても、それは借りものでしかないと気づいてしまった者たちでもある。彼／彼女たちのこころの中心には、こうした深淵が顔を覗かせ、その圧倒的な空虚を前に動けないでいる。

その穴をふさいでしまおうとする神経症的な社会の努力。まるで、深く傷ついた無の土地に、世界の貿易の中心となる摩天楼を再び築き上げることこそが、国力と経済の再生であり救済であると考えるような錯覚。あるいは、「癒し」「セラピー」「こころのケア」ということばが、氾濫し消費されていく欺瞞。しかし心理療法とは、こうした甘い救済を目指すものではない。ましてや、人々が上昇の努力を続けていくことを支え後押しするものでもない。心理療法は、人々が巨大な無を前にして、みずからの語りと象徴が到来してくるのを、最大限に能動的にじっと待つ、その辛抱強い営みを助けるものである。そして何よりもまず、そのような巨大な無があることに向き合うよう、人々を誘うものなのである。そしてセラピストとは、そのための引導を渡すような悟りきった存在にはけっしてなりえない。セラピストこそが、みずから巨大な無という現実に向き合い迷い続け、その前でみずからのコスモロジーを編み上げていこうとする、そうした能動的で謙虚な作業を続けなければならない。そうでなければ、どうしてクライエントのコスモロジーが到来するこころの作業に寄り添うことができようか。

怯えとしてのコスモロジー

コスモスに包まれているという実感、それは、広大な宇宙に甘くやさしく調和的に包まれているという感覚ではない。むしろ、世界の混沌とした力や無に怯《おび》えるという形でこそ、その実感は与えられるものである。パスカルは、巨大に広がる無限の宇宙空間を想い、私たちを超えた圧倒的な力に脅かされ孤独に対して開かれた。そのときにこそ彼は、「考える葦」として人間の思考する力に希望を見いだし、人間の尊厳性の礎とした。この例に示されるよう、コスモスが圧倒的な他者として、私たちを堪らなく脅かすときにこそ、コスモスに包まれている実感は到来するのである。そして、それは同時に、私たちが何者であるのかが知らされるときでもある。コスモスに他ならぬ〈私〉が包まれているという感覚は、逆説的であるが、私と世界とのあいだに裂け目がもたらされることでしか得られない。

原始的な共同体では、神話やコスモロジーと結びつき、供儀がおこなわれてきた。しばしば供儀は、共同体の秩序を生成し保つための装置であるとして論じられる(2)。共同体が共同体として一定の秩序をもとうとするかぎり、そこには回収されえない矛盾や余剰が生じてくる。あるいは、万人が万人に対して狼であるような、終わりなき暴力の応酬がある。供儀とは、そうした無秩序へ向かう統制されない力を、誰かを代理的にスケープゴート（犠牲の山羊）にすることで共同体から排除し、共同体の安定を確認するためのものであるという。そのことで共同体は、安定を得るというのである。そしてこれは、定期的に繰り返されなければならない。

しかし供儀とは、ほんとうに共同体を安定させ共同体の秩序を保つためのものであろうか。もちろん、そのような性質の供儀も存在することは、否定はできない。一種の陶酔と熱狂の中、人々にたまった禍を、あるいは共同体の秩序に回収できない余剰を放出し、共同体の結束を補強し確認する役割をもつとしか考えられないものもある。しかしそれ以上に供儀とは、共同体に裂け目をもたらすものであることに着目しなければならないであろう。余剰や矛盾によってできた共同体の亀裂を埋めるというよりも、いけにえを捧げることは共同体がみずからを傷つけ、そこに裂け目をもたらす行為である。そして、その裂け目や傷と向き合うときにこそ、共同体はコスモスとつながることができるのである。そうすることで神と、そして自分たちの始源の物語とつながることができるのである。自分たちの共同体が、その始まりを知らないまま繰り返している営み。それによって始源が語られる物語は、自分たちで選ぶことができるものではない。この意味でも始源の物語は、共同体にとって収まりのつかない裂け目を伴うものでなければならないのである。

みずからを損ねることで、世界に裂け目をもたらし、ようやく世界に出会うことができるという、この逆説。リストカットを繰り返すクライエントたちは、そのようにコスモスとつながることを希求している。どのように自分を規定しようとしても、記号的な欺瞞に飲み込まれ絡めとられていく閉塞感。「あなたのことを理解しているよ」という周囲の言葉が、ますますその閉塞を強めていく。みずからでみずからを損ね傷つけることでしか、世界の、そして自分自身の開きはもたらされない。そうして混沌や無に触れることからしか、象徴や物語が到来してくる営みは始まらない。

反復される傷

反復強迫もコスモスと出会おうとする営みのひとつである。反復強迫においては、私が把握できない「何か」が、繰り返し繰り返し回帰し私を脅かす。あるいは、こころに収まり切らない出来事、すなわち自分ではそのことを意味づけることも語ることもできない心的外傷（トラウマ）体験が、夜の夢に生々しく立ち現れ、驚いて目が覚めるということが繰り返される。このような、私にとって不快な事柄を繰り返すという現象は、人間は自分にとって快であることを追求するという快感原則に矛盾するが、私たちにとってはたしかに実存のひとつのあり方である。

こうして到来してくるものが何であるのか、私は知らない。抑圧という心的機制であれば、抑圧されるものの意味を私は知っている。知っていて、それが私にとって不快なものであるがゆえに、こころの奥へ押さえ込み、まるでそれがなかったかのようにするのである。しかし、反復強迫の場合、私はその意味を知らない。「それ」は、私の経験のはるかおよびつかない、地平の向こうにあるのである。私は、それに対してまったく受動的である。それが、わけもわからず不意にもたらされることで、脅かされるしかない。

反復強迫は、私の秩序に裂け目がもたらされる体験である。自我には、けっして回収されえない「それ」が、こころに空いた穴から繰り返し到来する。これは私が、私を超えた現実、巨大な無と出会う体験でもある。訳もわからぬまま私に到来する無に対して、私は事後的に何らかの症状を形成せざるをえない。何度も繰り返し襲ってくる思念。そしてそれに対する、そのたびに新たな驚愕。しかし、私たちはその呼び声に耳を傾けることを始めざるをえない[3]。

おどろくという能力の回復

できるだけ予想外のことが起こらないようにすること、あらゆる事象を制御できるようにすること。これは、私たち人類がずっと目指してきたことである。自然のすさまじい力におびえ、日常の生活が度重なる災害や戦争で踏みにじられてきたとき、そうした安全を希求するのは、当然のことである。一部の先進国では、すでに、かつて歴史上なかったほど、見通しのきく生活環境を作り上げた。隅々まで明るく照らされた衛生的な都市、ボタンひとつで制御できる電化製品、正確に運行する電車、いながらにして世界中の情報が得られる電子ネットワーク。私たちの日常生活の環境世界が、そのようなもので満ちあふれてしまっているがゆえ、ややもすれば私たちは、世界そのものが制御できるようになったかのような錯覚をもつ。しかし実は、私たちは選択的に身の回りに制御可能なものを寄せあつめ、それ以外の混沌を巧みに排除しているにすぎない。予測と制御可能な世界は、私たちが作り上げた楼閣にすぎない。

これほど秩序立ったかに思える現在にでさえ、私たちがさらに予測制御の可能性を目指し必死に努力を続けるのは、背後に得体の知れない無が迫っていることに、本当は気づいているからに他ならないであろう。

自然災害や事故、あるいは戦争で、それらがもろくも崩れ去ってしまったとき、私たちは、ますます制御可能な世界を回復しようと、躍起になる。私たちはそのたびに、巨大な混沌や現実には確固として存在しているはずの無を、向こう側に押しやろうとする。それは、私たちにとっての絶対的な他者（l'autre）を排除しようとすることでもある。他者に出会うことで、私たち自身が根本的に変わっていける可能性を、先のばしにしていることでもあり、私たちがコスモスとの出会いに開かれる可能性に開かれつつも、それを隠蔽していることでもある。

日本語の古語に、「おどろく」という言葉がある。これは、現代の言葉では「目が覚める」という意味であり、また「わかる」や「はっと気づく」という意味でもある。そもそも、現在私たちが用いているような意味での「わかる」という言葉は、日本語にはなかった。「わかる」とは「別れる」こと、あるいは「おのずと分別が明らかになってくる」ことであった。現在私たちが使用する「理解する」というような意味をもつ言葉は、「おどろく」であったのである。

「おどろく」という「わかり方」は、現在の私たちの「わかり方」とは対極的である。「おどろく」ということは、自分がそれまで気づかなかったことが、突然に到来することである。私は、それに対してまったく受動的である。今まで起きていながら惰眠をむさぼっていた私が、何かをきっかけに驚愕して覚醒する。まるで反復強迫の夢のように。そのことで、はっと何かに気づくことがもたらされるのである。ここにおいて、理解するとは、私自身が変化することである。それに対して現代語の「わかる」は、私が事象を分析し自分の意味体系に同化していくという逆転したあり方に、「理解」が変化してしまっているのである。

私たちが今こそ取り戻さなければならないのは、この「おどろく」しなやかさであろう。私の意味づけることができない「何か」が、そしてそれは私にとっては、混沌であり不気味なものが回帰してくることに開かれること。それは、私たちにとっては傷つきでもある。しかし、それこそが私に変化をもたらし、私は初めて目覚めることができる。新しく生き始めることができる。

足を引き摺りながら

私たちが締め出そうとし、躍起になって制御可能にしようとしているものこそが、私たちが生きるための物語と象徴がもたらされる可能性を開いてくれる。それは、私たちの日常性の向こう側にあるものではない。それは、日常性のただ中に存在している、私たちを脅かすような得体の知れない無である。そこに向かいあっていくのは、きわめて困難な地を這うような過程であろう。私たちは「癒し」や「セラピー」を求めようとするかもしれない。しかし、傷ついた自我を修復し補強するような、そうした営みは、少なくとも日常性の心理療法の目指すものではない。なぜならそのような営みは、日常性からの離脱であって、日常性の隠蔽でしかないからである。日常性の心理療法とは、日常の中で私たちが隠蔽してしまっている傷や有限性、さらには無からの呼び声を聴こうとするところから始まる。それは「自分探し」の過程ではなく、むしろ自分を徹底的になくすことである。そして、そこからこそ私と他者の出会い、私と世界の出会い、そして何より私と〈私〉の出会いは始まるのである。私たちは、今生きている世界の向こう側に、新しい自分に向けて、軽やかに飛んで行くとはできない。私たちが生きているこの日常性の中で、足を引き摺りながら、歩んでいくことから始めるしかない。

「飛ぶことができないならば、足を引き摺って歩くしかない……聖なる書も教える、足を引き

摺ることは、罪ではないと」(4)

（1）しかも、こうした玩具は、水や砂をかぶることですぐに故障したり破損したりして、結局は使い途のない荒んだ残骸が、プレイルームを満たすこととなりがちである。そうした故障が生じないように、水や砂を排除したプレイルームが増えつつあるのは憂慮すべきことである。

（2）ルネ・ジラールの供儀論や、今村仁司の「第三項排除」、赤坂憲雄の「異人」などの概念を参照のこと。

（3）このあたりの論に関しては、Caruth, C.: *Unclaimed Experience: Trauma, Narrative, and History*. Johns Hopkins University Press, 1996.（下河辺美知子訳『トラウマ・歴史・物語―持ち主なき出来事』みすず書房、二〇〇四年）を参照のこと。

（4）フロイトが『快感原則の彼岸』の結びの言葉として引用している、アラビアのアル・ハリーリー（一〇五四―一一二二）による物語詩集『マカーマート（マカーメン）』（Friedrich Rückert 編）の一節。

補章 臨床心理学の歴史の臨床性

歴史を語る視点

私たちが歴史を紡ぐということは、現在における過去を構成することである。私たちが生きている今から逆照射して、過去に生じたさまざまな出来事の中から事象を選択し紡いでいく。この意味では、語られた歴史には、私たちの現在の問題意識が必然的に反映される。現在をどのようなものとして考えているのか、あるいは現在をどのように再構築したいのかという問題意識が投影される。

臨床心理学の歴史を語ることも例外ではない。現在の臨床心理学をどのようにみているのか、現在の臨床心理学がはらむ問題は何かという意識に相関してこそ、その歴史は浮かび上がってくる。臨床心理学の歴史を語るということは、現在の臨床心理学とは何か、未来の臨床心理学はいかにあるべきかを模索しようとする試みでもある。

多くの思想的潮流や治療技法を集めながら、そして学問上も職能上も、多くの近接領域と密接に関連しつつ、現在の臨床心理学（clinical psychology）の示す様相は多様である。臨床心理学というひとつの学問・実践の体系であることを志向しながら、この学問・職能集団内部の成員においてさえ、基本的な発想や志向や人間観が大きく異なっており、その言語が相互に翻訳不可能であることもしばしばである。その意味では臨床心理学は、ひとつの学というより、ひとつの運動の集積である。それが運動であるということは、この学がまさにclinicalという性質をもつことから生じている。ひとつひとつの個別事例に対して、個別の人間が発見的にかかわりながら問題（と定義されたもの）の解決を目指すという、まさに臨床性に由来するものである。

こうした多系的な学の歴史を描く場合、できるだけ各潮流に公平であろうとして、包括的な歴史を時間軸にしたがって淡々と述べたとしても、そのような平坦な記述からは何もみえてこないであろう。かといって、現在の臨床心理学の自己定義をそのまま過去に投影し起源を求め、まことしやかな物語を作り出すという手法もとるべきではない。

そうではなく、臨床心理学におけるいくつかの主要な潮流に関連する出来事、そして異なる潮流の出会いや葛藤というものに焦点を当て、そこに布置されている構造を読み解き、臨床心理学の由来を浮かび上がらせるという手法をここではとりたい。この場合、臨床心理学の歴史を語る作業とは、現在の臨床心理学を規定する自明な枠組みを解体し、その始源に遡っていく作業である。

臨床心理学の始まり

臨床心理学の始まりをどこに置くのか。臨床心理学を「こころ」について探究する学と考えるならば、書かれたものに残るかぎりではギリシアの昔にまで遡るかもしれない。あるいは、こころの治療や癒しとして考えるならば、さらに古代のシャーマニズムに起源を求めるかもしれない。しかし、こうした起源は、いずれも現在の臨床心理学の自己規定を強化するために遡及的に偽造した系図にすぎない。ギリシア時代の「魂への配慮」やシャーマニズムは、たしかに一種のこころの治療と探究であっても、けっして臨床心理学ではない。これを連続性のもとに語ってしまっては、現在の臨床心理学を暗黙に規定している言説を繰り返すだけとなる。ここではやはり、正統すぎる方法ではあるが、臨床心理学という学問が（臨床心理学という名前が）誕生した時点を基点として、臨床心理学に至る系譜とその後の発展を探ってみよう。

Clinical Psychology という領域が生まれたのは、一九世紀末のアメリカである。一八九六年、ペンシルバニア大学のヴィトマー（Witmer, L.）が、大学内に心理クリニック（Psychology Clinic）

を設立したのが臨床心理学の嚆矢とされる。

このクリニックでは、学校での学習に困難を示す子どもが学校経由で紹介され、治療がおこなわれた。子どもたちはまず、一通り聴覚や視覚などに器質的な異状がないか検査され、その後に心理的な治療訓練が施される。記録に残っている例をみれば、失読症やコミュニケーション障害をはじめ、現在ではいわゆる発達障がいとして分類される子どもたちが対象となっていたようである。これらの子どもたちは、社会的ルールの獲得に失敗したり、発達的な遅れがあったりするために、そうした状態を示すと考えられていた。そして彼らに対して決まりきった処置をおこなうのではなく、個別的に子どもと接していく中で、介入と支援が工夫されていた。

これらの実践の積み重ねから、ヴィトマーは一九〇七年には雑誌 *Psychological Clinic* を主催し、臨床心理学という学問分野の誕生を確実なものにした。その巻頭論文としてヴィトマーが著した論文 Clinical Psychology[1] を読むと、一〇〇年がたった今もその視野の広さとヒューマニティには胸が熱くなる。

ヴィトマーは「臨床」という言葉を医学からとってきたと述べるが、同時に、臨床心理学は医学に還元できないとも述べている。子どもの問題は、学校というひとつの社会的な文脈に関するものであるがゆえ、社会学や教育学との関連が不可欠であるというのである。これらの領域と深く関連してこそ、本当の意味で子どもの置かれている文脈というものを考慮し、臨床心理学的に有効な働きかけができると考えていたのである。このように臨床心理学は、現在の日本の臨床心理学の領域からすれば、発達臨床、学校臨床から始まったといえる。

ヴィトマーが目指していた臨床心理学は、同時に、新しい科学としての心理学であった。当時心理学は、ヴントやフェヒナーがおこなっていたように、厳密に統制された実験室状況により自然科学に近づくことを目指すものであるか、W・ジェイムズがおこなっていたような哲学的思弁の延長の意識の学であった。これらに対して臨床心理学は袂を分かつ。臨床心理学は、哲学的思弁や実験室での知見の「現場への応用」ではない。臨床心理学は、子どもへの働きかけという実践を通して検証され探究され、積み上げられていく。そして、子どもとそれをとりまく人々の幸福に、ひいては他の科学と同じく「人類の進歩」に寄与するとヴィトマーは考えていたのである。

ここで付け加えておかなければならないのは、臨床心理学の成立と同時に、ヴィトマーによって臨床心理的実践をおこなうセラピストを養成するための講座やコースが大学の中に開設されたことである。講座の開設とは、その学問的ディシプリンの成立を象徴的に示す重要なことであるが、臨床心理学の場合には、それ以上の意味がある。臨床心理学という学問は、単に臨床心理学の発想と手法に則った論文を書く人物を養成するということでは成立しない。子どもの個別の問題に取り組む実践を通して知を探究していくという、探究と実践とが一体となった学問であることが最初から含意されていたのである。

アメリカにおけるフロイト受容と思想史的背景

教育と発達の分野から生じ、もっぱら子どもを対象としていた臨床心理学が、成人も対象とするようになったのは、精神分析の洗礼を受けてからである。

奇しくもヴィトマーが心理クリニックを開設したのと同年の一八九六年、すでに『ヒステリー研究』(一八九五年)を世に問うていたウィーンのフロイトは、精神分析(Psychoanalyse)という用語を、論文「防衛—神経精神病に関する補遺」で初めて使用した。その後フロイトは、『夢判断』(一九〇〇年)、『日常生活の精神病理』(一九〇一年)、『性欲論三編』(一九〇五年)と重要な著作を次々と発表し、二〇世紀に入って間もないころにはすでに精神分析の成立を決定的なものとしていた。彼の思想はヨーロッパで大反響をもたらし、一定の評価を得ていたものの、アカデミズムからは異端視されていた。

しかし驚くことに、フロイトの思想はアメリカでは、まずアカデミックな心理学から熱狂的に受け入れられたのである。一九〇九年にフロイトがクラーク大学のスタンリー・ホールに招かれ、ユング、フェレンツイとともに渡米し五日間にわたっておこなった講演は大盛況であった。フロイトの講演の後、"Yours is the psychology of the future"(あなたの考えこそが、未来の心理学です)と、一年後には死去することになる心理学界の長老ウィリアム・ジェームズは、興奮して言葉を贈ったという。フロイトは、それまでの業績を称えられクラーク大学から名誉博士号を受け、また、彼の講演録は、翌年一九一〇年に、当時もっとも権威ある心理学雑誌のひとつ"*American Journal of Psychology*"に三〇ページ以上にわたって掲載された。

ヨーロッパでは抵抗の多かったフロイトの思想が、なぜアメリカではアカデミックな心理学にやすやすと受け入れられたのか、これは考察するに値することである。もちろん、文化的な抑圧へのアンチテーゼを示すフロイトの思想は、ヨーロッパとは異なる独自の文化を模索していた当時のアメリカの時代的空気に合致したということもある。しかしそれを超え、フロイトの思想を抵抗なく受け入れたアメリカの心理学の特徴について明らかにすることは、この国で生まれた臨床心理学という学問の基本的な発想や人間観を考察していくための、重要なヒントを与えてくれる。そしてそれは、アメリカの臨床心理学を色濃く引き継いでいる日本の臨床心理学の特徴を考察するうえでも大切なことである。

ヨーロッパの心理学が、哲学と生理学を基盤とし、人間にとって普遍的な性質を求めようとしていたのに対して、アメリカの心理学はかなり異なる特徴をもっていた。アメリカの心理学は、教育や自己開発と結びつき、発達と個人差を求めるものであったのである。スタンリー・ホールがフロイトを招いたのも、彼がフロイトの小児性欲の理論に、発達理論としての可能性を感じていたからだという。すなわちフロイトの理論は、発達理論と人格理論を結ぶものとして、教育へ示唆するところが大きいとみなされていたのである。

発達と教育の重視という傾向は、アメリカにおけるいくつかの思想的潮流が重なって出現したものである。その根本には、まず何よりも、人間は経験によって作られていく、したがってよい経験を用意してあげなければならない、というイギリスの経験主義の流れを汲む教育論、そしてダーウィニズムの影響をみることができる。こうした環境主義とでもいうべき流れは、後には極端な形では、行動主義にまで至るものである。

さて、発達と教育を重視するアメリカの心理学に影響を及ぼした二つめの特徴は、個人差への関心である。アメリカでは、個々人の差異ということに異常なほど関心が集まった。もともとは社会的に洗練された徳性や品位が刻みこまれたことを示していた「キャラクター」という言葉は、アメリカにおいては、人と異なる個人的な特徴を示す言葉となった。またこうした個人差をもった統一体を示すために「パーソナリティ」という心理学概念が作られた。また、所属すべき集団へ同一化し自己を規定することを示していた「アイデンティティ」という言葉は、個人の自己同一性として読み替えられたのである。このように、現在の臨床心理学の基本的な概念のいくつかは、個人差への関心に由来するものである。

こうした個人差への志向は、きわめて実利的な動機にもとづくものであった。アメリカでは、一九世紀から二〇世紀にかけて骨相学が大流行した。ドイツ生まれのガルによってはじめられたこの個人差のための学は、ヨーロッパではそれほど認められたわけでもなかった。しかしアメリカではそれが世俗化され、頭蓋骨の形によって人物の性格や適性を判断し、その能力を活かし社会的な成功者になるためのアドバイスをする人相見には、行列ができるありさまだった。これはカウンセリングの原型でもある(2)。

このような個人差と個人の能力の判定、そして個人の能力の開花のために働きかけるということは、先述した環境主義とあいまって、人間の改善と向上を目指す心理学と教育とに、人々を熱中させることとなったのである。

以上述べたような、心理学に直接つながる思想的潮流ばかりでない。アメリカの宗教や信仰の潮流も、心理学に無視できない影響を及ぼしている。『心理学史』を著したリーヒー（Leahey, T. H.）は、教育と発達の重視の背後に、福音主義があることを指摘している(3)。ヨーロッパにおけるキリスト教と異なり、アメリカの福音主義は、神学的な思考や教会の規範を内在化するという宗教ではなく、神の意志を受け入れるときに体験される情緒的な回心の中にこそ、個人の霊魂の救済があると考えていた。牧師たちは説教によって人々の情緒に訴え、魂ばかりでなく行動を変えていくことを目指していた。

「多くのアメリカの心理学者の目的は、人間の行動を変えることであり、今日の人間を、明日は新しい人間に仕立てることであった。福音派の牧師が、説教によって魂を変える方法について書いたように、心理学者は、条件づけによって行動を変える方法について書いた」(4)のである。実際、フロイトのエディプスコンプレックスなどの考え方は、その後、アメリカでは大衆化した心理学として、子育てマニュアルの言説などに多用されることとなる。

さらに、フロイトの思想が受け入れられる土壌にあった、霊性主義（スピリッチュアリズム）についても触れなければならないであろう。アメリカで霊性主義の台頭が明確になってきたのは、一八九〇年頃である。この頃、アメリカからはフロンティアが消滅した。未開の地への探求は、今度は人間の内面の未知なるものに向かいだしたのである。また、歴史の表舞台にこそ現れてこないが、現在もしばしば参照対象となっているところをみると、ネイティヴアメリカンの信仰に人々が触れたことの影響もあったに違いない。さらに、当時は電信技術が飛躍的に拡大していた時代である。遠く離れた場所へ信号が伝達されるという、このテクノロジーのメタファも手伝って、降霊術や霊界との交信といったことがアメリカで始まり、すぐにヨーロッパにも飛び火していった。余談だが、日本の「こっくりさん」も、アメリカで流行していたテーブルターニングという一種の降霊術の占いが、一九世紀末に伝わって日本風に変化したものである。

霊性というものを求める志向は、降霊術や心霊現象へのオカルト的興味ばかりでなく、メスメリズムの流行をもたらした。メスメリズムは、ヨーロッパではフランスのシャルコーの催眠を通して、フロイトの治療理論へと間接的につながっているが、この技法は一九世紀はじめにアメリカに入ってきて以来、自己の開発と治癒の技法として流行していた。

メスメリズムにおいては、「病気にはひとつの原因しかなく、治療法もただひとつだ」とメスメルが断言したように、病気の原因は自分が宇宙から分かちもつ動物磁気のバランスが崩れているからであり、それを正常な状態に戻してあげれば病は治癒されると考えられていた。この点、メスメリズムは、シャーマニズム的な治療法や悪魔払いなどに似ているようだが、非常に重要な点で異なっている。それは、メスメリズム以外の治療法は、個人の外側にある共同体や制度、個人を超えた存在に訴えかけ、それを利用するのに対して、メスメリズムは、あくまでも個人の内側の本来的あり方に触れることが治療である、とされた点である。

このような思想史的背景があったからこそ、自己の無意識に触れることで治療されるというフロイトの理論は、難なく人々に受け入れられたといえよう。

フロイトの思想の変質

アメリカの精神的風土に合い、またアカデミックな心理学からもお墨付きをもらったフロイトの考え方は、その後、大衆文化にもアカデミズムにも急速に受容され広がっていった。第二次世界大戦時には、ナチズムによってヨーロッパでは精神分析がほぼ壊滅させられたが、アメリカに多くの精神分析家や心理学者が亡命してきたことにより、アメリカでは精神分析がますますさかんになっていった。

しかしそのころから、精神分析の変質が少しずつ始まる。フロイトの思想は、本来、文化的抑圧や歴史を引き受け抗いながら、そして無意識という捉えられないものの声を聞きながら、真の人間らしさとは何かを問おうとするものであった。それは、人間としての幸福を求めるものではあっても、けっして現世的な社会や環境へ適応し成功することを目指すものではなかった。ところが、次第に自我を強化し環境に対処していくための術として理解されるようになり、「適応」という概念がフロイトの意に反して強調されはじめた。そしてアメリカでのフロイト主義は、自我心理学の中にほぼ回収されてしまうことになる。その構造は、現在の日本の臨床心理学にも、少なからぬ影響を与えている。

精神分析の変質の後押しをしたのは、ストレイチーが中心となり一九五三年から六六年までに順次刊行された、標準版フロイト全集(標準英訳版)である。これに関して、ベッテルハイムが『フロイトと人間の魂』の中で、深い悲しみと危機感に満ちた口調で警鐘を鳴らしているのは、知られているとおりである。[5] ドイツ語では日常語としてのニュアンスに満ち、身体感覚を呼び起こす言葉であるEsとIchはそれぞれ、英語の標準版フロイト全集において、無味乾燥なラテン語由来の述語であるIdとEgoに置き換えられた。あるいは、母胎(Mutterleib)という語は子宮(uterus)と訳され、エディプスコンプレックスなどの、ヨーロッパでは歴史や神話とつながる感覚を引き起こす言葉は、アメリカ文化の中では単なる専門用語になってしまったのである。一言でいえば、みずからの思考や感覚を誘い自己に対峙するためのフロイトの理論は、対象を突き放し因果的に分析するための専門的な術となってしまったというのである。このような専門用語化や擬似科学化が強調されたのには、精神分析を医師の独占業としようとしたアメリカの精神医学界の意向が強く反映されている。

こうしたフロイトの思想の変質と曲解に対し異議を唱え、「フロイトに帰れ」の掛け声のもと、さらに思想を深化させていったのが、フランスのラカンであったことを、付け加えておかねばなるまい。

場の心理学とアセスメント

さて、精神分析の変質より少し時代は遡り、一九二〇年から一九四〇年にかけて、現在の臨床心理学につながる、もうひとつの重要な流れがあった。社会心理学と深く関連した臨床心理学の潮流である。アメリカは臨床心理学ばかりでなく社会心理学という分野をも生み出した。それは、引き受けていく伝統的な価値規範のないところから、群衆というものが、どのように秩序や態度を形成していくかということを探ろうとしたためである。また、次々に異なる国々から、異なる文化的価値をもってやってくる移民への対処もあり、文化的多様性の中でどのように社会を構成していくかを模索しなければならないという事情もあった。

当初、社会心理学は臨床心理学から分化されない形で、Abnormal Psychology として、標準からの逸脱を通して、人間の行動や態度を探求することがなされていた。現在の臨床心理学における質問紙による調査法、健常群と臨床群との対比といった手法や発想、そしてもっと一般的には統計理論や心理測定理論は、このころの社会心理学から生まれてきたものである。

ナチズムに追われる形で、ドイツからゲシュタルト心理学がアメリカに入ってくると、レヴィンの有名な「場」の考え方のように、社会心理学は新たな展開をみせてきた。またそれは同時に、臨床心理学におけるアセスメントの方法にも、決定的な影響を与えはじめた。そこから出てきたのが、投映法の発想である。

それまでのテスト理論、アセスメント理論は、尺度法などをもとに、特定の構造化された場面に対する個人の反応の集積として個人の態度やパーソナリティを査定するものであった。しかし、投映法においては、構造化の自由度の高い場面を、個人がどのように意味づけ構造化していくかに、人格の特徴をみようとしたのである。この考え方は、一九三九年フランクの論文によって明確に示された(6)。とはいえ、この時点ではすでに、ロールシャッハ法や主題統覚検査(TAT)は使用されており、フランクはこれらのテストへの共通の理論的基盤を用意したのである。

ここで注意しなければならないのは、当初、投映法は現在素朴に理解されているのとは異なって、「人格の深層の構造や、隠れた欲求を反映するもの」とは考えられていなかった、ということである。フランクはその論文の中で、投映法は個人の private world を明らかにすると言ってはいるが、それは個人の「私的世界」ではあっても「内界」ではない。フランクは次のように述べる。

「人格は、個人が生活上の状況を組織しパターン化し、それに効果的に応答するもの、すなわち〝自分の生活空間 life space を構造化する〟ものである。まさにその時点に至るまでに発展してきた人格の過程を投映法によって、呼び起こすことができるのである」

たしかに、フランクは投映法を「レントゲン」の比喩で考えていた。しかしながら彼の論文をよく読むならば、それはレントゲンがX線という場に個体を置くことで成り立つように、投映法の「場」に個人を置くことで、個人が状況を意味づけ経験を体制化していくあり方が映し出されるのであって、けっして個人の内側に潜んでいる「内界」を暴き出すものとは考えていないことがわかる。しかもフランクは、個人の持つパターンは、それまでの経験や所属する文化的集団によって形成されてきた社会的なものとして考えていた。

実際、ロールシャッハ法も、使用されはじめた当初の研究では、現在でいうところの反応様式の分析に重きが置かれ、またTATも、個人の欲求と場とが出会いそこにテーマが布置されるという、まさにレヴィンの場の理論に発想のヒントを得ていたのである。

先に挙げた臨床心理学の創始者ヴィトマーの論をみても、投映法の初期の理論をみても、もともと臨床心理学は、けっして心理至上主義ではなく、子どもや人々が置かれている社会的文脈や文化というものへの顧慮があったことがわかる。また、フロイトにとって精神分析は個人の探求ではなく、個人を通した文化の探求であり、広い意味での人間学であった（実際、後期フロイトは文化や歴史の考察が中心となっていく。しかしそれは臨床心理学の中では傍流のままである）。

臨床心理学において、心理至上主義的な傾向が明確になってきたのは、通俗化されたフロイト理解、そして英訳標準版により疑似科学化されたフロイトの思想が広まりはじめてからである。

ジャーナルに発表された投映法の研究の流れをたどっても、一九五〇年頃まではは投映法がどのような場を構成するかということで、検査者の影響なども考慮していた論文が多かったが、次第に、投映法により描き出される人格像とその分類や心的機能に焦点を当てた研究へと移っていく。また、投映法の解釈も、「〇〇に隠された無意識の欲求が表れている」とか、「〇〇は××の象徴である」といった分析が多くなっていくことが見て取れる。

こころの深層というメタファ

こころの深みに、その人の隠れた何かがあって、それは幼少期のころの体験に結びつくもので、それこそが人格の基盤を形成しているという発想。今では臨床心理学にとってなじみの深いこの発想は、ここまでみてきたように、特定の思想史的状況の中で特定の場所で成立してきたものである。しかしそれは、アメリカの臨床心理学の特徴に還元してしまうことができるほど、簡単なことではない。もっと普遍的に、近代的な自己探求の学問の骨組みをなすものであることも付け加えておかねばならない。

近代的な学問とは、背後に隠された何かを探求していくことを志向するものである。しかし、その探求が、「深み」に降りていくことであり、それが発達史的な時間を遡っていくことだという発想自体は、特殊な概念形成である。こころの奥や背後に隠れたということを、意識の表層と深層という垂直方向に置き換え、さらにそこに時間軸を措定しているのである。この発想は、他の心理学、たとえば生理心理学や認知心理学では、背後に隠れていて明らかにされるべきものは、心的機能や認知機能のもっと基礎的な部分として考えられており時間軸とは関連づけられない、ということからすれば、力動的な臨床心理学に固有のものである。そしてこうしたモデルこそが、臨床心理学的な治療論や研究調査の枠組みとなっていることは言を俟たない。

考古学者のジュリアン・トマスは、このように人格に深層と表層を仮定し、それを時間的な発達と関連させる発想を「深層／表層メタファ depth surface metaphor」と名づけている。[7] この発想は、まさに考古学のそれである。実際フロイトが思想を形成していった時期は、考古学の発展期であった。フロイトはシュリーマンによるトロヤ遺跡の発見の物語を好んで読み、エヴァンズによるクノッソス宮殿の発掘のニュースには、大変興奮したという。またフロイト自身、ギリシア・ローマやエジプトの遺物のたいへんな蒐集家であったことは、よく知られている。

考古学は地層を下へ下へと掘り下げていくことで、人類史の古層へと時間を遡っていく。それは同時に人間の「根源」へと近づくことだと仮定している。Archaeology（アルケー〔根源〕の学＝考古学）という言葉が示すとおりである。同様に精神分析においても、こころの深みへ降りていくことは、個人的にも集合的にも歴史の古層へと降りることになり、個人や人間の根源にいたるものだと考えるのである。

ここで指摘したいのは、精神分析が考古学からメタファを借用しているということではない。

両者ともが、深層＝過去＝根源という図式を使用すると同時に、その探求が自己認識や自己規定の方法となっているという点こそが、強調されるべきなのである。自己の探求において、その過去へ始源を求めるという考え方が有効であるためには、あらかじめ自己の（主体の）時間的な連続性と一貫性というものが前提されていなければならない。このような一貫性を仮定し、過去の事象という他者を自己規定の中に包摂していく意識こそが、ヘーゲルの歴史哲学に代表されるように、すぐれて近代的な考え方である。

さらに付け加えておくならば、こうした意識は、いわゆる未開文化＝人類の古型＝人類の根源という図式を作り出し、異文化を近代の西洋文化の歴史観の中に包摂するという事態も引き起こした。臨床心理学もこの図式から、多くの説明概念を借用してきていることに自覚的である必要があろう。このような図式は、臨床心理学においてある探求の可能性を開くとともに、ある探求の可能性を閉ざしてしまっているからである。

人間の主体と世界像

さて、本章では、さらにもう一歩踏み込んで、近代という時代の発想と臨床心理学とのつながりを最後にみてみたい。それは、臨床心理学の各潮流がどのように影響を与え合ったかという位相をはるかに越え、「こころ」というものを仮定する人間理解の方法自体の前提となっているものである。

エレンベルガーは『無意識の発見』の中で、力動精神医学の誕生に直接つながる思想的潮流としてロマン主義を挙げている。ロマン主義は、それまで支配的であった合理主義や啓蒙主義へのアンチテーゼとして、理性に対しては情念を、合理性に対しては割り切れないものを、人間社会に対しては人間を超えた自然の力を重視し、さらにギリシアやローマの古典時代に人間の理想を求め、それを感情移入によって現在によみがえらせようとする運動であった。

ロマン主義の発想はたしかに、人間の理性の向こう側に情念や非合理なものの集合体としての無意識というものを措定するフロイトの思想に結実する、力動精神医学の基本的な発想につながるものである。しかしながら、力動精神医学とロマン主義にのみ直接のつながりをみて、それ以前の啓蒙主義との断絶を強調するのであれば、それは力動精神医学の、そしてその流れを汲む臨床心理学の重要な性質を見落としてしまうことになる。

このことについて筆者はすでに、第5章で以下のように論じた。すなわち、ロマン主義も啓蒙主義も、人間の内面に動機や原因を求めるという方法をとっている、また「今ここ」にあるわけではない未来や可能性に人間の本来性を措定するという逆転した発想をもっている。こうした両者に連続する二つの特徴こそが、近代の教育や臨床心理学を可能にする「本来性の虚構」であるのだと。そこからさらに発展させ、臨床心理学の根本的な発想を近代という時代の根本にある発想そのものに結びつけて考えてみたい。

近代という時代において特筆すべき認識論的特徴は、主体と客体を分離したことであることは、改めていうまでもない。神の被造物としての秩序の中に人間と世界が織り込まれているという感覚から、あるいは日常生活の素朴な感情にもとづき構成されていた世界観から、認識の主体と客体、行為の主体と客体とが分離されたのが近代の特徴である。

ハイデガーはこれを、「世界像の時代」と名づけている。世界が「像 Bild」として人間の前に対置されるとき、世界は、それまでの自明な意味に満ちた世界から、対象としてその背後に真理を探究していかなければならない世界へと変貌する。世界観が変化するということは、人間観も大きく変化することを含意している。世界が人間の前に対置されるとき、人間のほうも主観として世界から離れて措定されているのである。そして、人間は認識や行為を対象とした世界とは独立した原理をもつ、自律的で「主体的な」存在として、ますますそれが実体化されていく。これこそが、近代的主体と呼ばれるものである。

かくして、世界と人間は直接にはつながらないがゆえに、代わりに世界はまさしく「像」として、すなわちイメージとして、その写しを人間が内側に表象することになる。そして同時に、背後に隠れた世界の意味や法則を読み取っていかなければならないように、人間のこころもその背後に意味を読み取り探求されるべきものになっていく。

人間が固有の内面性をもつということは、世界と人間とがひとつの秩序に包摂されていたとき（あるいは主観的に構成された世界の中に逗留していたとき）には、考えられないことであった。たとえば、人間のこころの背後に獣性が潜んでいるというような考え方も、内面をもつとされる近代的な主体が成立するまではみられない考え方であったという。また、フーコーが明らかにしたように、キリスト教における告解が、何をなしたかという行為よりも、どんなことを思ったか、どんな欲望をもっているかという内面性に焦点を当てだしたこと、さらには、囚人や狂人に対しても内面を変えていくという治療矯正が開始されたことも、世界とは別の内面性を人間はもっているという近代的主体のアイデアにかかわっているのである。

現在の日本の臨床心理学の手法と発想を根拠づけるとき、しばしば、臨床心理学は主客の二分法を乗り越えるものだと論じられることがある。そこでは、主客二分をおこなうのは近代科学であり、臨床はそれに与しないかのようにいわれるが、実は、こころというものを仮定し内面性への探求を志向すること自体が、近代科学の成立を可能にしたのと同じく、臨床心理学も主体と世界を分離する近代的地平に立っていることを見落としてはならない。このことに自覚的であるときにこそ、ほんとうの意味で、臨床性ということを探究する資格を私たちは持つのである。

臨床性とは、素朴に構成されていた自己の自明な歴史が壊れるところから始まる。同時にそれは、素朴に構成されていた世界や時間に関する意識が壊れることでもある。したがって臨床性を探究していくことは、ひたすらにこころの内側を探ることではない。〈わたし〉にとってのこころと同時に、世界をも探究することを含んでいるのである。

そして臨床心理学が臨床性を目指すのであれば、まず何よりも、臨床心理学の自己規定を、そしてその歴史というものを、つねに再構築していく運動を続けていかねばならないであろう。臨床心理学が他の思想史的潮流との、そして世界とのかかわりを再構築し続けていくということ、それが、臨床心理学の歴史を語るということなのである。

（1） Witmer, L.: Clinical psychology. *Psychological Clinic*, 1: 1-9, 1907.
（2） Sokal, M. M.: Practical phrenology as psychological counseling in the 19th-century United States. In: C. D. Green, M. Shore, & T. Teo (Eds.): *The transformation of psychology: Influences of 19th-century philosophy, technology, and natural science*, American Psychological Association, 21-44, 2001.
（3） T・H・リーヒー（宇津木保訳）『心理学史―心理学的思想の主要な潮流』誠信書房、一九八六年
（4） リーヒー、前掲訳書、三六四頁
（5） ブルーノ・ベテルハイム（藤瀬恭子訳）『フロイトと人間の魂』法政大学出版局、一九八九年
（6） Frank, L. K.: Projective methods for the study of personality. *Journal of Psychology*, 8: 389-414, 1939.
（7） Thomas, J.: *Archaeology and modernity*, Routledge, 2004.

あとがき

「ある朝目が覚めて、ふと耳を澄ませると、何処か遠くから太鼓の音が聞こえてきたのだ。ずっと遠くの場所から、ずっと遠くの時間から、その太鼓の音は響いてきた」。村上春樹のエッセイ集『遠い太鼓』の一節である。四〇歳を迎えると、とても大きな精神的組み換えが起こって、「好むと好まざるにかかわらず、もうあともどりはできない」という直観から、彼は三年のあいだ日本を離れ、外国での常駐的な長い旅に出た。何かを求め遙かな旅へと憧《あくが》れ出でたこころの呼び声の音である。

この文章を知ったのは後のことではあったが、私も四〇を迎えようとする頃、「いま細胞の隅々まで入れ換えてしまわないと、もう新しい仕事はできなくなる」という漠然とした、しかし強烈な焦りを感じていた。自分をもう一度作り直す大きな賭けとして、アメリカのボストン、メキシコのプエブラ、フランスのパリと、同僚の迷惑も顧みず併せて一年半ほど、研究員や招へい教員として各国の大学を彷徨う生活に打って出ていた。本書に収められた論考はその間、二〇〇四年から二〇〇六年にかけて、雑誌『こころの科学』に連載したものである。

言葉も文化も違う国々を転々とする生活は不安定で不自由で、時には危険な目にも遭ったりもした。二ヵ月ごとの締切ギリギリに（というよりデッドライン直前に）、原稿を仕上げて電子メール添付で日本に送っていた。移動中の長距離列車や飛行機の中で、チケットの裏に書き留めていったことも何度かあった。オンラインを通じた、日本と外国との二重生活。その中で自分の生きるリアリティを定めることには相当苦労をしたが、やはりそのときそのときの現地の手応えのある時間があったからこそ書けたのだと、いま読み返して思えるものも多い。

連載が終わり単行本にするお話をいただきながらも、日本に戻ってからは思いのほか忙しく、両親のあついつぐ死去もあり、過労で心身の調子を崩し、毎年実現できぬまま無礼を重ねていた。結局一五年近く手つかずで、内容もすでに古びてしまったかのように思え、出版は立ち消えとなっていた。

ところが二〇一九年に横浜の学会で、編集の小川さんに久しぶりにばったり出会った。丸の内で天ぷらをおごってもらいながらも不義理を重ね続けた後ろめたさを抱えつつ、単行本化の話はまだ生きているかと恐る恐る尋ねると、意外にも「いつでもどうぞ」ということであった。その言葉を励みにきっかけに、お蔵入りとなっていた原稿と再び向き合うこととなった。

いくつかのアイデアは、その後の別の機会に発表したりしてはいたが、多くの章は自分でも何を書いたか内容を忘れてしまっていた。それらは、私にとってすでに遠くなった「他人」の文章であったが、同時に私の基礎をたしかに成している「自分」という奇妙な感覚であった。一五年の歳月のあいだに、だんだんと精密な思考もできなくなっていたことも幸いして、それまではとても世に出すのを許すことができなかった生硬な論考も、まあこれでいいか、そのときの自分でしか書けなかったと、一期一会の貴重なものと思えるようになっていた。適当な自分になっていたからこそ、愛してまとめ直すことができたのだろう。

編集の小川敏明さんには、連載のときから大変御世話になり、今回の単行本化でもペースメーカーとして丁寧に伴走してくださった。また、当初連載のお話をくださった林克行さんは、まだ海のものとも山のものともつかぬ私に、大切なお話をもってきてくださった。ようやくそうした恩に報いることができたかもしれぬ。この場を借りて、感謝申し上げたい。

私の今の心理療法、私の学問、私の生き方は、たしかにここで展開した思考が基礎となっている。これをひとつの礎として、さらに今の時代のこころについて見つめ考え続けていきたい。

二〇二〇年八月　京都深草の寓居にて

大山泰宏

●著者紹介

大山泰宏（おおやま・やすひろ）

放送大学大学院臨床心理学プログラム教授。1965 年宮崎県生まれ。1997 年京都大学大学院教育学研究科博士課程修了。博士（教育学）。京都大学高等教育研究開発センター助教授、京都大学大学院教育学研究科准教授等を経て、現職。著書に『人格心理学』『思春期・青年期の心理臨床』（ともに放送大学教育振興会）、編著に『生徒指導・進路指導』（協同出版）がある。

日常性《にちじょうせい》の心理《しんり》療法《りょうほう》

2020 年 9 月 20 日　第 1 版第 1 刷発行

著者——大山泰宏

発行——株式会社 日本評論社

〒 170-8474 東京都豊島区南大塚 3-12-4

電話 03-3987-8621［販売］-8601［編集］

振替 00100-3-16

印刷——港北出版印刷株式会社

製本——株式会社難波製本

装丁——図工ファイブ

ISBN　978-4-535-56295-0